“十四五”高等职业教育学前教育专业系列教材

幼儿园多媒体课件设计与制作

许佳南◎主　编
杨春旭　黄春梅◎副主编

中国铁道出版社有限公司
CHINA RAILWAY PUBLISHING HOUSE CO., LTD.

内 容 简 介

本书以 WPS Office 为工具，基于幼儿园工作环境设计任务，同时将思政元素和多媒体课件设计与制作的知识和技能相结合，并通过大量的项目实例将 PPT 基础知识和设计知识相结合，详细讲解了幼儿园多媒体课件制作的基本要领。本书共分为 6 章，包括幼儿园多媒体课件概述、多媒体课件素材的收集与处理、WPS 演示型课件制作基础操作、WPS 演示课件的动画效果应用指南、WPS 演示课件的放映与输出，以及微课视频制作。

本书适合作为高等职业院校学前教育专业学生的教材，也可作为广大幼师培训机构的教学用书。

图书在版编目（CIP）数据

幼儿园多媒体课件设计与制作 / 许佳南主编. 北京 : 中国铁道出版社有限公司, 2024. 8. -- (“十四五”高等职业教育学前教育专业系列教材). -- ISBN 978-7-113-31358-6

Ⅰ. G436

中国国家版本馆CIP数据核字第2024DU8529号

书　　名： 幼儿园多媒体课件设计与制作
作　　者： 许佳南

策　　划： 唐　旭　潘星泉　　**编辑部电话：**（010）51873090
责任编辑： 潘星泉　贾淑媛
封面设计： 郑春鹏
责任校对： 苗　丹
责任印制： 樊启鹏

出版发行： 中国铁道出版社有限公司（100054，北京市西城区右安门西街 8 号）
网　　址： https://www.tdpress.com/51eds/
印　　刷： 东港股份有限公司
版　　次： 2024 年 8 月第 1 版　2024 年 8 月第 1 次印刷
开　　本： 787 mm × 1 092 mm　1/16　**印张：** 8.5　**字数：** 197 千
书　　号： ISBN 978-7-113-31358-6
定　　价： 30.00 元

前言

随着科技的飞速发展，以及多媒体技术在教育领域的应用逐渐深入，幼儿园教育也迎来了数字化、信息化的新时代。在这个时代背景下，幼儿园多媒体课件以其直观性、生动性、互动性等特点，成为幼儿园教学中不可或缺的重要工具，极大地激发了幼儿的学习兴趣，在潜移默化中提升了他们的学习效果，为孩子们带来了全新的学习体验。因此，学前教育专业的学生掌握多媒体课件设计与制作技能，不仅是对自身专业素养的提升，更是对学前教育质量的负责。

幼儿园多媒体课件设计与制作不仅仅是一种技术手段，更是一种教育理念和教学方法的创新。它要求制作者在设计课件时，充分考虑幼儿的认知特点、学习需求和兴趣点，将教育内容与多媒体技术有机结合，创造出一种全新的教学体验。这种体验既能够激发幼儿的学习兴趣，又能够提升他们的学习效果，真正实现寓教于乐的目标。

本书源于编者多年的教育教学实践，反映了课程改革及教学研究工作的阶段性成果。在编写本书的过程中，我们注重理论与实践的结合，并将思政元素巧妙地融入其中，力求做到既深入浅出地讲解理论知识，又提供丰富的、具有思政意义的项目实例和操作技巧。本书首先介绍了课件设计的原则、方法和流程，让读者对多媒体课件有一个整体的认识。接着，详细讲解了多媒体课件中各种媒体元素的设计与制作技巧，包括文字、图片、音频、视频等，使读者能够掌握各种媒体元素的处理方法和技巧。此外，本书还结合幼儿园教育的实际需求，介绍了一些具有针对性的课件设计案例，这些案例均来源于实际的教学场景，旨在帮助学生在理解理论知识的同时，能够迅速将其转化为实际操作能力。

在多媒体课件设计中，创新思维和个性化设计是不可或缺的元素。我们鼓励学生在掌握基本设计技能的基础上，能够结合自身专业的特点和孩子们的需求，进行个性化的设计和创新。为此，我们在书中设置了一些开放性的设计任务，引导学生发挥想象力，创造出独具特色的多媒体课件。本书还充分考虑了学前教育专业的特点。我们深知，学前教育注重的是孩子们的身心发展和情感培养，因此在多媒体课件设计中，我们特别强调内容的趣味性、互动性和教育性。通过本书的学习，我们期望学生能够具备较高的思政素养和创新能力。他们不仅能够熟练运用多媒体课件设计与制作的技能，还能够将思政元素灵活地融入其中，为学龄前儿童提供既有教育意义又生动有趣的学习内容。同时，我们也希望学生能够在实践中不断探索和创新，为学前教育事业的发展贡献自己的力量。

本书由揭阳职业技术学院许佳南任主编，揭阳职业技术学院杨春旭、黄春梅担任副主编。

本书在编写过程中，参考、借鉴了大量著作、教材，在此表示感谢。由于编者水平有限，不足之处恳请各位读者批评指正，以使本书更加完善。

编　者

2024 年 3 月

目录

第1章 幼儿园多媒体课件概述

幼儿园是为3岁至入小学前儿童提供学前教育和保育的机构。幼儿园教育工作的原则是：体、智、德、美诸方面的发展应互相渗透，有机结合；遵循幼儿身心发展的规律，因人施教，引导幼儿个性健康发展。因此，在设计幼儿园多媒体课件时要满足健康、积极、生动等特征。幼儿园多媒体课件是指针对幼儿园儿童设计的、运用多媒体技术制作的教学软件，通常结合图像、声音、动画等多种媒体形式，以互动、有趣、直观的方式辅助教学。幼儿园多媒体课件具有生动活泼、趣味性强、交互性好、易于操作等特点，可以有效激发幼儿的学习兴趣和思维能力，提高幼儿园教学质量和效果。

教学目标

◎了解幼儿园多媒体课件设计的理论基础。
◎掌握幼儿园多媒体课件的应用。
◎了解教育信息化与幼儿园多媒体课件制作的关系。
◎掌握幼儿园多媒体课件设计的基本内容和方法。
◎了解幼儿园多媒体课件的基本类型。
◎掌握幼儿园多媒体课件制作的工具和规范。

1.1 幼儿园多媒体课件设计的现代学习理论

幼儿园多媒体课件设计要以计算机辅助教学理论为指导，而计算机辅助教学理论是以现代学习理论、现代教育技术理论、现代教育信息传播理论、系统科学原理、学科教学原理为础的。

现代学习理论在幼儿园多媒体课件设计中的应用主要体现在认知－行为主义学习理论和建构主义学习理论方面。

1. 认知–行为主义学习理论

认知－行为主义学习理论认为，学习是一个不断接受外界刺激，通过学习者的内在构造作用产生反应，并同化为学习者的内在认知结构的循环过程。学习具有从低到高、从易到难的层次性和阶段性的特征。在教育实践中，认知－行为主义学习理论的应用广泛。例如，幼儿园教师可以通过设计富有挑战性和启发性的问题，引导幼儿主动思考和探索，从而促进他们认知结构的形成和改组。同时，教师还可以通过提供及时反馈和正面强化，激发幼儿的学习动机和积极性。

在幼儿阶段，促进幼儿学习的整体性将有利于幼儿一生的发展。幼儿的学习主要是通过触摸、摆弄物体来获取感性经验，因此，在幼儿园多媒体课件设计中，教师首先要重视的是课件场景环境的布置，为幼儿提供丰富的感官刺激。

课件场景中的颜色、声音、玩具摆放的位置等都会对幼儿的学习产生影响，因此，教师要重视保护幼儿的好奇心和求知欲，尊重他们自身的学习需要与学习兴趣。制作的课件要为幼儿的主动学习创造宽松、自由的环境，安排的教学活动则要多考虑幼儿的兴趣和需要。

2. 建构主义学习理论

建构主义学习理论认为，学习是一种建构的过程。知识是学习者与外部环境交互作用的结果，而不是仅靠教师传授所得。建构主义学习理论认为“情景”、“协作”、“会话”和“意义建构”是学习环境中的四大要素，即学习者是在一定的学习情境下，借助教师和学习伙伴的帮助，利用必要的学习资料，通过意义建构的方式获得知识。

根据建构主义学习理论来看，幼儿园多媒体课件的制作应强调以幼儿为中心，不仅要求幼儿由外部刺激的被动接受者与知识的灌输对象转变为信息加工的主体，对知识意义进行主动建构，还要求教师的授课要由知识的传授、传输转变为对幼儿主动建构意义的帮助和促进。

建构主义学习理论倡导的是一种自我调节的学习方式，幼儿在与计算机多媒体的交互中，会不断“同化”“调节”自身已有的认知结构，最后使自己的认知结构“平衡”到一个新的水平。计算机辅助教学强大的交互功能能使幼儿积极主动地参与学习，从而更加有效地到达认知结构的新的“平衡”。

在学前教育中，幼儿是活动和学习的主体，这就要求幼儿要有学习主动性，而教师应充分利用多媒体课件去激发幼儿主动学习的热情，引导其对知识的认知、思维的发展及认知结构的建立和调节。另外，在实际教学过程中，教师应该随机、巧妙、隐蔽地通过问题情境中可利用的资源，及时捕捉幼儿将要学习并跨出一步的微妙时刻，并给予其适时的帮助，从而引导幼儿自己解决问题，而不是直接告诉幼儿解决问题的方法。

1.2 幼儿园多媒体课件的应用原则

幼儿园多媒体课件能够有效地促进幼儿的学习和认知能力的发展，具体作用包括：利用丰富的多媒体形式提高幼儿的学习兴趣和参与度；通过生动的图片、动画和视频等形式，帮助幼儿理解和掌握知识；通过听、说、读、写等多种方式，提高幼儿的语言表达能力和交流能力，培养幼儿的观察能力、想象力和创造力，促进其综合素质的全面发展。

在设计和应用这些课件时，应坚守以下几个原则：

（1）以幼儿为中心，关注其身心发展与认知需求。每个幼儿都是独特的学习者，因此课件的设计应紧密围绕幼儿的身心特点展开。注重激发幼儿的主动性和创造性，让他们在探索中学习，在游戏中成长。

（2）遵循幼儿园教育的核心理念和教育规律。课件内容与幼儿园的教学目标和课程大纲紧密相连，确保教学内容既符合幼儿的发展阶段，又有助于他们逐步建构知识体系。

（3）贯彻新课程标准和教育部相关指导方针。课件不仅严格遵循新课程标准的各项要求，还力求在科学性和实用性上达到最佳平衡。应确保教学内容经过精心筛选和验证，进而确保其准确性和适用性。

（4）注重课件的艺术美感和启发性。艺术和美学在幼儿成长中非常重要，因此在课件设计时应融入丰富的艺术元素，同时确保每一个细节都能激发幼儿的审美情趣和情感共鸣。通过这些富有启发性的教学内容，引导幼儿发现美、欣赏美，并鼓励他们用自己的方式去创造美。

应用于幼儿园多媒体课件设计中的教学原理主要有程序教学原理、媒体符合原理、交互作用原理和系统性原理，下面分别进行介绍。

1. 程序教学原理

程序教学原理主要包含以下五个方面：

（1）积极反应原理：幼儿对学习的内容做出积极的反应，以便更好地理解和掌握知识。这种积极的反应可以通过多种方式实现，如选择答案、填写问题或进行实际操作等。通过积极反应，学生能够保持学习的动力和兴趣，从而更好地完成学习任务。

（2）及时确认原理：对幼儿的正确反应给予及时的确认，当幼儿给出正确答案或做出正确反应时，教师应立即给予肯定和鼓励，以增强幼儿的学习信心和积极性。这种及时的确认不仅有助于巩固幼儿的正确反应，还能引导他们进一步探索和学习。

（3）小步子原理：强调将学习内容分解为一系列小步骤或单元，以便学生逐步掌握。每个小步骤都相对简单，容易理解，且与前一个步骤紧密相连。通过这种方式，幼儿可以循序渐进地学习，逐步构建完整的知识体系。小步子原理有助于降低学习难度，提高学习效率，使幼儿更容易获得成功的学习体验。

（4）自定步数原理：根据自身的条件自定学习的进度，这一原理尊重了幼儿的个体差异和学习自主性，使得幼儿能够在适合自己的节奏下进行学习，从而提高学习效果和满意度。

（5）测验原理：测验原理即通过测验来检验学习的效果，通过定期或不定期的提问、选择等形式，可以了解幼儿对所学知识的认知和掌握程度，发现学习中存在的问题和漏洞，进而调整教学策略。

多媒体辅助教学实际上就是一种程序教学。由教师和其他教学人员共同开发编制的多媒体课件，本质上就是包含教学信息的程序，教学内容的展开由程序来控制，幼儿可以按程序提供的交互式方式来选择学习形式、时间和速度等。

在幼儿园多媒体课件设计制作中，通常采用小步子递进的方式来安排由易到难的交互材料。例如，中班的“认识形状”教学任务：第一层次是展示几种基本的形状，让幼儿认识；第二层次是展示几个用形状组合而成的简单物品，让幼儿认识其是由哪些形状组成的；第三层次则是展示由形状组成的复杂物品，然后让幼儿认识其他相关的形状。随着层次的逐渐提高，幼儿的观察能力、空间思维能力等也将得到不断的发展。

2. 媒体符合原理

不同的教学内容使用不同的媒体形式来表现，就是教学内容决定媒体形式的原理，即媒体符合原理。一般具体化的教学内容需要使其向抽象层次发展，才能提高幼儿的认识层次，如大班的音乐课件“小星星”中，通过对图片的认识，幼儿能意识到星星的形状；而抽象性的教学内容则要以具体、形象的媒体形式表现，这样才能让幼儿快速理解，如小班语文类的课件“开铺子”中，将抽象的量词与具体的实物对照起来，更加便于幼儿的理解。

3. 交互作用原理

交互作用就是指交互式学习，交互作用原理主要包含以下三个方面：

（1）积极学习原理。学习不是被动接受，而是主动索取。交互式学习可使幼儿积极主动地参与到学习过程中，促进其对知识结构和联系的理解与把握，从而提高学习效率。

（2）发现学习原理。学习是发现和创造的过程。交互式学习能引发幼儿的想象力和创造力，幼儿可通过改变、编辑和重塑学习对象来提高思维能力和创造能力。

（3）个性化学习原理。不同的幼儿有不同的兴趣、爱好、认识水平与学习需要。交互学习就是将学习过程的控制权交还给幼儿，由幼儿根据自身的条件和要求选择学习环境和学习形式，有利于教师的因材施教。

课件的交互形式通常是以多项选择的方式为幼儿提供操作练习的环境，如拼板、游戏等。通过幼儿主动感知、积极思维，协同发挥多种感官作用，提高幼儿学习的认知效果。

4. 系统性原理

计算机多媒体辅助教学实际上就是将教学过程当作一个系统的过程。教学课件的开发需要根据课件设计的理论和方法，对教学内容、教学目的、教学对象、教学方法、教学环境和教学需求等进行综合分析、优化设计，最后将教学环节的连续性和教学过程的控制性等都纳入考虑范畴。

在幼儿园多媒体课件设计中，良好的衔接性能够充分调动幼儿学习的积极性，满足幼儿的好奇心和成就感。这不仅仅指课件片段、场景、内容本身有很好的直接衔接，同时还包括课件与教师配合的衔接，即在课件设计中，要根据课件设计的具体需要留有与教师的衔接接口，以便教师能够顺势引申，教学过程中的各个环节能够紧紧相扣，让幼儿自然而然地把注意力从课件转移到教师身上。

1.3 教育数字化与幼儿园多媒体课件制作的关系

推进教育数字化，发展数字教育，推动教育数字化转型，这是教育领域贯彻落实党的二十大精神的重要举措，也是工业和信息化系统发挥自身优势、推动教育现代化的重要方向。

提升教师数字化素养是推动教育数字化的关键。教师是教育教学的主体，他们的数字化素养直接影响到教育数字化的进程和成效。因此，工业和信息化系统要积极参与教师数字化素养提升工程，利用自身的技术优势和资源，为教师提供数字化培训和支持，帮助他们掌握数字化教学技能和方法，提高教育教学水平。

教育数字化是指利用信息技术和互联网手段，对传统教育模式进行深度改革，实现教学内容、教学方法、教学资源的数字化和网络化，以提高教学效率、提供更广泛的学习机会和优化教育质量。而幼儿园多媒体课件制作是教育数字化的一种重要手段。

幼儿园多媒体课件制作的目的与教育数字化的目标高度一致，都是为了提高教学效果和效率。教育数字化与幼儿园多媒体课件制作的关系主要体现在以下几个方面：

1．提高教学效率

教育数字化为幼儿园多媒体课件制作提供了强有力的技术支持，为幼儿园多媒体课件制作提供了丰富的素材和资源，这些数字化资源可以方便地被整合到课件中，为幼儿创造更加逼真的学习环境，提高学习效果，从而可以帮助教师节约课堂教学时间，提高教学效率。

通过幼儿园多媒体课件的形式，可以将复杂的教学内容通过图像、声音、视频等多媒体技术直观地呈现给幼儿，便于幼儿理解和记忆。

2．促进幼儿全面发展

幼儿园多媒体课件制作通过运用多媒体技术和互动设计理论，可以帮助幼儿在游戏化的环境中进行学习和体验，促进幼儿的认知发展、多元智能发展和情感社交发展。同时在幼儿园多媒体课件制作中，可以融入坚持以人民为中心的发展思想、推进共建共享、全面发展素质教育等思想理念或中华优秀传统文化元素，通过故事、歌谣、绘画等多种形式，传承和弘扬中华优秀传统文化，培养幼儿的爱国情怀、社会责任感、文化自信和民族自豪感。

3．个性化教育

幼儿园多媒体课件制作可以根据幼儿的学习特点和需求进行个性化教育，提供符合幼儿认知水平和兴趣爱好的教学内容和活动，使得幼儿学习更加自主和主动。

4．促进家园共育

通过幼儿园多媒体课件制作，教师可以将幼儿的学习情况及时反馈给家长，促进家园共育，提高幼儿的学习效果。

因此，教育数字化与幼儿园多媒体课件制作的关系密不可分，幼儿园多媒体课件制作不仅是教育数字化的重要组成部分，同时也是幼儿教育的重要手段之一。

1.4 幼儿园多媒体课件设计

幼儿园多媒体课件是用于幼儿园教学的一种教学辅助工具，通常采用数字化技术，借助计算机、平板电脑等电子设备演示教学内容。幼儿园多媒体课件可以包括图片、音频、视频等多种元素，具有视觉、听觉双重刺激效果，能够吸引幼儿的注意力，提高幼儿的学习兴趣。通过幼儿园多媒体课件的使用，教师可以更方便地讲解教学内容，幼儿也可以更直观地理解知识，有利于幼儿的认知和发展。

1.4.1 幼儿园多媒体课件设计的基本内容和方法

幼儿园多媒体课件是教师在幼儿教育时使用的一种教学资源，能够增强幼儿的学习兴趣，提高幼儿的学习效果。下面是幼儿园多媒体课件设计的基本内容和方法：

1．教学设计

课件的教学设计是课件的首要任务。作为教师辅助教学的工具，课件的内容必须保证与教学相关，其形式和呈现方式必须符合教学媒体使用的规律和信息传播理论。同时，幼儿园多媒体课件的播放过程必须符合幼儿的认知规律和教学规律，且幼儿园多媒体课件采用的教学方法必须符合幼儿园教学理论和幼儿学习的特点，必须有利于幼儿掌握知识，从而形成技能。

幼儿园多媒体课件的内容应围绕幼儿的学习和生活经验展开，包括认知、语言、运动、社会等方面的内容。同时，还要符合幼儿的年龄特点和心理发展规律，注重引起幼儿的兴趣和参与度。

2．形式设计

幼儿园多媒体课件的形式应该清晰简洁、色彩鲜艳、图片清晰、动画生动，同时还要注重多媒体元素的应用，如音频、视频等，以达到更好的教育效果。

3．功能设计

幼儿园多媒体课件应该满足幼儿多元化的学习需求，能够帮助幼儿理解和掌握知识，提高幼儿的思维能力和创造力。同时，还需要充分考虑难易程度和教学效果的平衡。

4．方法设计

幼儿园多媒体课件应该采用适合幼儿的教学方法，如游戏、童话、歌谣等，能够调动幼儿的积极性和主动性，激发幼儿的学习兴趣。

5．制作技巧

幼儿园多媒体课件的制作需要注重制作技巧，如界面设计、动画特效、背景音乐等，能够提高幼儿的参与度和兴趣度。

总结来说，幼儿园多媒体课件设计需要结合幼儿的年龄特点与心理需求，注重内容、形式、功能和方法的设计，以及注重技巧的制作，才能达到更好的教育效果。

1.4.2 幼儿园多媒体课件设计的基本步骤和要求

幼儿园教师还需要掌握课件设计的基本步骤和要求，以便制作出符合实际情况的教学课件。

1．幼儿园多媒体课件设计的基本步骤

幼儿园多媒体课件设计的基本步骤主要有以下四步：

（1）分析教学内容，确定教学目标。幼儿园教师要根据教学内容的深浅、难易程度等因素和幼儿接受能力的实际情况，按照课程标准的要求，结合教学经验，确定教学目标。

（2）选择教学媒体，创设教学情境。根据教学内容和教学目标的要求，选择记录和存储教学信息的载体，直接接入教学活动过程，实现教学信息对幼儿感官的刺激，这就是媒体选择的意义；创设教学情境则指创设有利于幼儿理解教学主题意义的情景，这种教学情境反映了新旧知识的关系，有利于幼儿对知识进行重组和改造，培养幼儿的联想和创新能力。例如，在幼儿园中班语文类课件“小蝌蚪找妈妈”中，教学情境的创设以卡通形式展示给幼儿，让幼儿可以自然地进入角色，达到在游戏中学习的目的。

（3）指导自主学习，组织写作活动。幼儿园教师可利用启发式教学方式，充分激发幼儿学习的主动性和创造性，引导其进行自我学习、自我探索；还可在幼儿自学的基础上，组织幼儿进行小组讨论或辩论，促进其对主题的进一步理解。另外，在幼儿园多媒体课件制作中，幼儿园教师也可通过直观的图像或动画素材来启发幼儿回答问题，找到答案，在活动中培养幼儿的协作意识。

（4）确定教学要素关系，形成教学组织结构。幼儿园教学系统是由幼儿园教师、幼儿、教学内容和教学媒体等要素构成的一个复杂的系统，制作者必须分析和研究各要素之间的联系，协调各要素之间的关系，形成合理的组织结构。

2. 幼儿园多媒体课件设计的基本要求

幼儿园多媒体课件设计的基本要求包括课件设计的教育性要求、技术性要求和艺术性要求。

（1）教育性要求。因为课件是用来教学的，所以教育性是课件的根本属性。课件设计要遵循教育教学的基本理论、基本原理和一般规律。

① 要有明确的教学目的，针对特定的教学对象，采用图、文、音、像并茂的活泼的教学形式，突出重点和难点。

② 运用教学设计的原理和方法对教学内容和教学过程进行设计，教学过程和教学方法及媒体形式的运用要符合幼儿的心理特征和认知结构。

③ 突出启发性教育和幼儿自主学习，促进幼儿智力的发展和能力的提高。

（2）技术性要求。课件设计与制作水平的高低对计算机辅助教学效果有直接和间接的影响。技术性要求主要包括以下四个方面：

① 课件制作软件的选择。不同的课件制作软件对课件的类型、效果和应用环境的要求不同，技术含量也不同。因此，在选择制作软件时，幼儿园教师应该根据需要，尽可能地选择交互性强、能够灵活方便地实现教学功能要求的制作软件。另外，幼儿园教师在选择课件制作软件时还需考虑自身制作课件的实际能力和水平，最好选择应用比较广的、实用性和可操作性较强的课件制作软件，如 WPS 或希沃白板等。

② 多媒体技术应用。多媒体课件应该综合应用多种媒体技术，为了满足制作的需要，选择的多媒体课件必须能够在多种格式间进行转换；或者能够通过空间、插件或多媒体编程技术，灵活地处理课件中要使用的多媒体素材。需要注意的是，因为幼儿园多媒体课件中的素材格式不同，所以幼儿园教师需要掌握常用的多媒体处理技术，以便于更好地选择素材，做出精美的幼儿园多媒体课件。

③ 多媒体课件的优化技术。多媒体课件的优化技术通常指使用压缩、打包等方法，减少课件的体积，减少对系统资源的占用；能够稳定、流畅地使用课件，使幼儿园多媒体课件的操作方便、简单。

④ 程序运行与控制技术。多媒体课件是在一定的操作环境下运行的，通过提供一定的操作界面进行人机交互，控制程序的运行，完成教学过程，实现教育目的。因此，制作课

件必须考虑其运行的软、硬件环境。为了使课件更好地进行推广使用，对计算机硬件的要求不能太高，如 CPU 主频、内存、显示器分辨率、硬盘的容量等硬件要求应在常规范围内。在软件方面，一般要求可在 Windows 10 等操作系统环境下运行。在程序的操作控制方面，多媒体课件则要提供简洁、方便、灵活的操作界面和多样化的交互手段。在课件使用方面，要求能提供及时的帮助和提示信息，及时提示用户的错误操作。

（3）艺术性要求。使用符合美学原理的表现方法精心设计制作多媒体素材，进行多媒体组合教学，就是多媒体课件制作中的艺术性要求。该要求可以使教学课件具有丰富的感情、积极的态度，能够感染和调动学习者的兴趣、爱好和情绪，使课件能够以和谐、统一、完整、自然的手法，以及新颖、多样的方式表现教学内容，达到非常好的教学效果。

① 视觉效果艺术设计。在幼儿园的课件设计中，幼儿园教师需要注意活动场景的构图、布局的整体设计。合理的构图和设计将有利于教学内容的展现，也有利于幼儿对知识的理解和接受。

② 听觉效果艺术设计。听觉效果艺术设计就是对语音、音乐等音频效果的艺术设计。幼儿具有喜形于色、情感外露的特点，由于他们内心的情感和体验难以用语言来表达，而音乐情绪对比强烈、感情表现鲜明，恰好可以抒发幼儿的内心感受，所以，爱听音乐是幼儿的天性，幼儿园教师在制作课件时要善于利用幼儿的这一特点，适当添加各种声音元素。声音可以是自然界中的声音，也可以是人工合成的声音，多媒体课件中使用的声音主要与配乐、解说和音响三者相关。配乐通常作为背景音乐，被选择的配乐需要与教学内容相符，起到渲染氛围、调节教学节奏的作用；解说则要与文字素材、图形图像素材、动画影视素材的内容一致，能够及时、准确并生动地解释和说明相关的内容；音响就是声音所产生的效果，适当的音响效果能够缓解幼儿紧张的心情，吸引幼儿的注意力，调动其探知欲望。

1.4.3 幼儿园多媒体课件设计策略

幼儿园教学是一种特殊的教学方式，具有一定的教学规律。下面介绍幼儿园多媒体课件设计的策略，了解这些策略内容，可使课件设计更加符合幼儿园教学规律。

1. 脚本设计

脚本设计是多媒体课件设计中首要且基础性的工作。其主要任务是选择教学内容、教学素材及其表现形式，建立多媒体课件的框架结构，确定程序的运行方式等。幼儿园教学课件中的脚本设计需要注意以下四个方面。

（1）要采用美观、生动的屏幕界面，吸引幼儿的注意力，激发其兴趣。

（2）要直接阐明教学目标，抽象概念要设法通过图形和动画形象地表达出来，让幼儿更易理解。

（3）要便于使用，即操作者不用看说明书就可以知道如何操作。

（4）要适时地组织提问、反馈和激励。在演示过程中，为了吸引幼儿的注意力，幼儿园教师可针对幼儿的情况适时提问，并根据幼儿的回答进行讲解，及时反馈信息。对于回答正确的幼儿可以使用“小红花”或“鼓掌”等动画音效来表示奖励，对于回答错误的幼儿则可以使用“继续努力表情”等动画音效来给予提示，使其下次能做得更好。

2．教学过程设计

教学过程设计是多媒体课件设计的重要内容。多媒体课件的设计与制作能否成功的关键在于如何安排教学环节、教学方法的选择是否恰当、如何控制教学的节奏，以及能否充分发挥多媒体辅助教学的优势和特长等。

（1）教学环节。教学环节主要包括教学目标的阐述、教学内容的呈现、教学难点的剖析、提问与练习、归纳与总结等。多媒体课件在教学环节上的设计必须要遵循教学的基本原则和一般规律。

（2）教学方法。教学方法是展现教学内容、完成教学任务、达到教学目的所采用的方法，如设问法、对比法、归纳法、诱导启发法、交流讨论法等。将教学方法适当地应用到多媒体课件设计中，可以有效地提高多媒体辅助教学的效率。

（3）教学节奏。教学节奏是指对教学内容和教学对象的教学过程进行的调节和控制。教学节奏既要符合教学内容的深浅、难易程度，还要适应教学对象的接受能力和反应能力，也要符合不同媒体的表现形式。多媒体课件需要使用多种不同的媒体来展现教学内容，教学节奏的快慢与媒体的特点密切相关。因此，多媒体课件的设计应准确把握某种媒体的自然节奏，声音和动画的播放都要符合幼儿的视觉和听觉习惯，课件中的场景、画面与内容的转换要自然、和谐，这样才能形成符合教学对象学习心理特点的教学节奏。

在幼儿园多媒体课件设计中，设计制作的课件必须有助于幼儿园教师教学艺术的进一步表现，设计课件的目的是进一步提升教学效果，让幼儿学习更愉快，让教师讲解更轻松。因此，设计的课件还需要从教学需要和幼儿的实际情况出发，充分发挥以幼儿园教师为主导和幼儿为主体的作用，要为教学锦上添花，使幼儿园教师的教学艺术得到充分体现。

3．教学表达设计

在教学过程中，采用哪种媒体、哪种方式来表达教学内容就是教学表达设计。在多媒体课件设计中，幼儿园教师要根据教学内容和教学对象的特点与要求选择一种或几种组合的媒体表达教学内容，通常应尽量使用图形图像、视频、音频和动画等组合形式，掌握不同媒体间的转换和连接方法与规律，画面与画面间的过渡要自然，声音与声音间的衔接也要和谐统一、互不干扰，声音与画面的衔接更要相互配合。

在幼儿园多媒体课件教学表达设计中，图像素材应注意选用色彩鲜明、构图简单、容易让幼儿接受的图像；音乐素材应选用节奏明快、清新的乐曲，以使幼儿能够产生亲切感；动画素材可采用幼儿喜闻乐见的卡通人物或故事，使其能更快地融入学习环境中。

4．交互方式与界面设计

交互性是计算机辅助教学最大的特点。交互性来自多媒体课件的交互界面，多媒体的交互界面提供了多样化的交互手段，幼儿园教师或幼儿可根据教学的目的和要求进行交互操作。

键盘输入和鼠标点击是常见的交互方式。键盘输入方式一般不需要专门的交互界面，直接用键盘输入相应命令即可实现交互操作；鼠标点击方式则需要有专门的交互界面供鼠标点击，如按钮交互响应、菜单交互响应等，也可以直接通过鼠标点击来实现交互，如热点对象交互响应等。幼儿园多媒体课件应尽量多地使用鼠标点击的交互方式，有硬件设备条件的幼儿园还可以使用触摸屏，这种方式方便、直观，更加便于幼儿操作。

界面是整个画面的一部分，通常会占据一部分屏幕区域，界面的设计需要和呈现实际教学内容的画面设计有机结合，统筹安排，合理布局，对交互性的反馈信息也要进行合理表达。幼儿园多媒体课件设计中的界面设计应该新颖、别致，界面风格应前后一致，界面操作方法要简单明确，不同界面中相同交互方式的操作要保持一致。另外，交互的信息展现最好使用图形、动画和声音，便于幼儿接受。

1.5 幼儿园多媒体课件基本类型

课件的类型可根据不同的标准进行划分。根据制作软件的不同，课件可被分为PowerPoint课件、Prezi课件等；根据应用环境不同，课件又可被分为一般多媒体课件和网络多媒体课件。下面根据计算机辅助教学的形态和教学功能，将课件分为练习与操练型课件、模拟型课件、游戏型课件和综合型课件四种基本类型，并分别进行介绍。

1.5.1 练习与操练型课件

练习与操练型课件是发展和应用最早的一类计算机辅助教学软件，是实现程序教学的主要工具。

1. 练习

练习是为了获取一种过渡性操作技巧，幼儿园教师可以通过一系列问题，让幼儿在建立知识间的联想、联系的同时，能够掌握在何时使用何种知识、做何种决定的技能，形成一种习惯性的过程性操作能力。

2. 操练

操练是幼儿园教师通过大量的术语与事实间的重复对比练习，帮助幼儿建立有关事物之间联系的联想记忆和规律的快速回忆。

练习与操练型课件应遵循以下原则：

（1）小步子原则：将课件拆分为多个小型环节，每个环节练习幼儿的某一项能力。

（2）积极反馈原则：每个课件环节在幼儿完成后都需要进行检验，并反馈幼儿信息。

（3）及时强化原则：在幼儿进行练习后，还需要在不同时间段进行反复练习和操练。

（4）自定步调原则：利用幼儿的反馈信息，因材施教地制订适合幼儿的练习和操练。

计算机逐个或按批次向幼儿提出问题，待幼儿回答问题后，计算机判断其正确情况，并根据回答的情况给予一定的反馈。促进幼儿掌握某种知识和技能技巧的过程就是练习与操练型课件的基本过程。

练习与操练的教学方式都是通过大量的“提问→回答→判断”实现反馈，使幼儿建立起问题与回答之间的联系，从而理解并掌握该知识与技能技巧。

练习与操练的“提问→回答”过程需要反复进行，直到达到教学目标为止。判断幼儿是否达到教学目标的方式多种多样，如在一定时间内或问题数量达到一定的量时，要了解幼儿的练习成绩和课件目标成绩之间的差距；幼儿回答正确次数到一定的量时，要了解不同幼儿所用的时间。在某些课件中，这些教学目标的完成情况还需要记录下来，作为分析幼儿对知识掌握情况的资料，为后面教学内容的选择提供决策依据。

1.5.2　模拟型课件

模拟型课件是利用计算机模拟自然科学或社会科学的某些规律，产生与现实世界相应的现象，供幼儿观察，帮助幼儿认识、发现和理解这些规律与现象的本质，其主要具有以下特点：

（1）激发学习动机。模拟的对象对幼儿来说是一个未知的世界，而幼儿对未知世界的好奇心可以帮助其去探索其中的奥秘。

（2）不受时间和空间的限制。模拟对象的实际时间和空间尺度可以很大，也可以很小，一般不容易让幼儿接触或观察，使用计算机模拟，则可以不受时间和空间的限制。

（3）安全性和经济性。模拟的对象具有安全性和经济性，对幼儿的身心健康无害，且符合幼儿的需求。

（4）重复性。模拟的对象可以重复使用，反复让幼儿观察和学习。

模拟型课件近年来受到许多教育专家和心理专家的关注，被认为有助于培养幼儿的能力，所以目前已成为发展较快的一种课件类型。

1.5.3　游戏型课件

游戏型课件指教学在游戏中进行。课件提供一种富有趣味性和竞争性的教学环境，来激发幼儿的学习动机，让幼儿在富有教学意义且教学目标明确的游戏活动中得到训练或有所发现，取得积极的教育成果。游戏型课件与电子游戏不同，电子游戏没有教学目标，没有教学内容，也不会考虑教学策略，它的目的是让使用者得到娱乐，训练使用者的手眼联动性；而游戏型课件则强调教学性，有着明确的教学目标和具体的教学内容，并且包含经过仔细研究的教学策略。

1．游戏型课件的特点

（1）教学目标与游戏竞争目标一致。从初始状态出发，经过游戏参与者的决策和动作，最后总能达到胜、负或平局的状态，且游戏竞争目标的实现也是教学目标的实现。

（2）积极的参与性。至少有两方或以上的游戏参与者，其中的一方可以由计算机来扮演，而学习者要积极地参与游戏竞争。

（3）明确的游戏规则。游戏参与者采取的决策和动作必须遵守游戏规则，这些规则应该包含所有教学目标、所有教学的规律与知识。

（4）娱乐性与趣味性兼具。游戏型课件的目标就是达到寓教于乐的教学效果，因此，游戏型课件要具有强烈的娱乐性和趣味性，包括生动活泼的画面、恰当的音乐、巧妙的构思和夸张的想象等。

（5）时间性。游戏型课件中设计的游戏应该满足在有限的时间内达到教学目标的要求，而不是一直继续下去。

2．游戏型课件中的游戏方式

游戏型课件按照游戏方式可分为操练与练习方式的游戏和模拟方式的游戏。

（1）操练与练习方式的游戏。操练与练习方式的游戏就是将操练与练习结合到游戏中，幼儿园教师通过游戏大大刺激幼儿的学习积极性，使其在娱乐中学习知识，这样可以取得较好的教学效果。

（2）模拟方式的游戏。模拟方式的游戏就是将模拟与游戏结合起来，让幼儿在有竞争的环境下思考、探索、尝试、发现错误并纠正认识，让其在掌握规律与事实的同时，还能学会寻找规律，掌握做出决策的方法，培养幼儿适应现实的能力和应变能力。

使用游戏型课件进行教学活动时，幼儿园教师必须起到引导作用，通过引导、启发和归纳等让幼儿注意其教育内容，达到教育目的，而不是让游戏型课件沦为普通的游戏。

1.5.4 综合型课件

将练习与操作型课件、模拟型课件、游戏型课件等课件类型中的某几种类型整合到一起，用来表达较为系统的教学内容的课件类型就是综合型课件，也是实际教学过程中最常用的课件类型。综合型课件具有较强的可控性和智能性。

（1）可控性。可控性主要表现为计算机多媒体课件内容由幼儿园教师所掌握。在幼儿园教学环境中，幼儿园教师可根据幼儿的实际接受情况，有目的、有选择地控制演示的内容、次数和速度，充分发挥综合型课件的优势，让幼儿达到更佳的学习效果。

（2）智能性。智能性是指多媒体技术可以将声音和图像结合，模拟出整个实验过程，让幼儿观看到现实生活中看不到或看不清的各种物理、化学变化或运动过程，从而促进幼儿对活动内容的理解和记忆。

1.6 幼儿园多媒体课件制作工具和规范

幼儿园多媒体课件制作是在课件设计的基础上进行的，即使用编程语言或制作软件将课件的内容按照预定的结构和方式组合成一个完整的课件程序，并通过必要的后期处理形成课件成品的过程。

1.6.1 幼儿园多媒体课件制作工具

对于幼儿园教师来说，幼儿园多媒体课件主要采用课件制作软件来完成。目前市面上大多数的制作软件界面简洁，使用方法简单，只需要经过简单的培训就能掌握其操作。近几年内比较常用的有以下几种软件：

1. PowerPoint

PowerPoint是微软公司的一款演示文稿软件，它提供了各种工具和功能，可以帮助用户轻松创建演示文稿。用户可以在演示文稿中添加文本、图片、图表、表格、音频和视频等多种媒体元素，还可以应用各种过渡效果和动画效果，使演示更加生动有趣。通过PowerPoint，用户可以快速创建精美的演示文稿，并可以根据自己的想法和创意来设计演示，包括主题、颜色、字体等。另外，PowerPoint也支持云存储，可以将演示文稿存储在云端，方便用户在不同设备之间进行共享和协作。由于它简单易用、功能齐全，因此被广泛用于商业、教育、宣传等各个领域。

2．Prezi

Prezi 是一款云端演示软件，主要用于制作非线性、交互式的演示文稿。与传统的 PPT 相比，Prezi 的特点在于可以创建一个大型的操作平面，展示内容以非线性的形式排列，可以随意缩放、旋转、平移，使得整个演示过程更具有生动性和视觉效果，同时也更能引起观众的兴趣。Prezi 提供了多种演示模板和主题供用户选择，同时还支持在演示中加入多媒体元素，如图片、视频、音频等，使得演示更加生动。Prezi 可用于教育、商业和个人演示等多个领域，可以制作出非常生动流畅的课件。

3．WPS Office

WPS Office 是我国金山办公软件公司自主研发的办公软件套装，类似于 Microsoft Office，包括文字处理、演示和电子表格等功能。相比于其他办公软件，WPS Office 具有更加轻便、快速、易用的特点，并且支持多种格式的文档打开和保存。具体而言，WPS 文字相当于 Microsoft Word，可以进行文字处理、图文排版、插入图表等操作，WPS 演示相当于 Microsoft PowerPoint，可以制作演示文稿、加入动画效果、音频视频等元素，WPS 表格相当于 Microsoft Excel，拥有多种数学公式和函数，并支持更高级别的数据处理和图表绘制。WPS Office 还支持云存储，可以将文档保存到 WPS 个人云盘或者其他云服务平台，方便用户进行多设备间的协作和同步。

4．希沃白板

希沃白板是一款专为幼儿园设计的课件制作软件。它不仅有丰富的模板和素材，还支持实时语音、视频通话等功能，方便教师与幼儿进行互动。此外，希沃白板的数据存储在云端，有多重加密保护，确保信息安全。

5．Canva

Canva 是一个在线设计平台，适合制作各种图形、海报和课件。它提供了大量的预设模板和拖动式的编辑方式，使得课件制作变得简单快捷。同时，Canva 也有丰富的素材库，可以满足不同的设计需求。

在使用这些工具制作课件时，老师还需要注意课件的内容设计，确保内容符合幼儿的认知特点和兴趣点，同时也要注意课件的交互性和趣味性，以提高幼儿的学习兴趣和参与度。

1.6.2　幼儿园多媒体课件制作规范

幼儿的早期认知受情绪的影响非常大，所以在早期教育中，以下列词语为重要关键词：正向情绪、好奇、有一定挑战性、丰富交互、富有竞争、结果可控、情绪兴趣。

多媒体技术从本质上来说，其优势在于能将信息以多种媒体形式按照使用者的需要形成一个有机架构，多角度、多维度刺激使用者的感觉器官，增强使用者接收信息的有效性。

在幼儿教育过程中，应注意幼儿情感迁移的思维特点。幼儿多认为周围的一切事物都和自己一样有生命、有情感，但现实生活中周围的事物并不具有生命，这导致幼儿在认知上产生冲突。他们的拟人思维感知在动画片里得到认同，这是幼儿喜欢看动画片的重要原因之一。多媒体技术能构建符合幼儿认知的虚拟场景，能够让幼儿得到认知上的认同，以此带动幼儿进行学习。

多媒体技术还能够产生丰富的交互（不同操作产生不同的结果），满足幼儿的好奇心与探索欲望。除此之外，多媒体还可以通过程序控制来调整学习难度，使幼儿始终感觉结果可控，减少幼儿的挫败感，满足其安全欲望。

在家庭游戏中，幼儿可以在家长的假意落败中获得成就感，但在幼儿园里，幼儿间竞争的失败者肯定会沮丧或低落。这个时候，可以利用多媒体技术，让多媒体技术控制下的虚拟角色充当失败者，让全体幼儿都成为成功者。

同时在幼儿的认知行为中，其情绪、兴趣起到重要作用。幼儿对一件事情的好恶直接影响其探索认知的积极性。在幼儿的学习过程中，如何让幼儿始终保持愉悦浓厚的兴趣就显得十分重要。多媒体技术能够通过各种方法兼顾幼儿在学习过程中的愉悦感受，让幼儿保持对学习的浓厚兴趣。

多媒体技术的可变性和随机性可以满足幼儿的好奇心，在不断变化的电子图片中寻找答案，可以充分发挥幼儿广阔的想象空间，满足幼儿的无限想象和创造思维发展的需要。

精心设计的多媒体课件还能避免教师教学活动的随意性，能够充分嵌入幼儿教育的理念，可以构造良好的活动环节，对幼儿的观察、思维产生正确的、指向明显的、富有层次性的指导，帮助幼儿建立科学的观察方法和思维方法，培养幼儿良好的学习品质。

多媒体技术还能突破时间、空间的限制，最大程度地向幼儿展示整个世界的面貌及未来世界的发展，多媒体技术将深入到人类生活的方方面面，就多媒体技术本身的掌握而言，对于幼儿也是相当重要的。处于多媒体技术飞速发展的今天，网络、大数据、人工智能等技术在我们的周围构建出一个全新的生活环境，在这样的环境中。幼儿接触多媒体设备既是必然的也是必需的。早期的接触能够让幼儿建立起对多媒体技术的常态认识，对于程序控制的内在逻辑关系形成习惯，初步认识程序运行的因果、分支、条件判定、循环等思想，对其未来发展的好处是显而易见的。

多媒体技术在幼儿教育中的应用效果十分显著，但为了确保教学质量，幼儿园教师必须深入了解不同年龄段幼儿的教育特点和规律，恰当地应用多媒体技术，并不断探索新的融合途径。在制作幼儿园多媒体课件时，应严格遵循以下规范：

（1）界面简洁明了，颜色搭配协调，易于观看。

（2）材料内容真实、准确，言简意赅，便于幼儿理解。

（3）图片清晰、逼真，大小适中，配合课件内容。

（4）语言表达规范化，容易让幼儿听懂、学会。

（5）课件结构完整，每个板块主题明确，内容有层次感。

（6）互动设计合理，可以吸引幼儿的注意力，并且能够培养幼儿的操作能力。

（7）确保课件的安全，没有病毒，不会给计算机或使用者带来任何危险。

1.7 幼儿园多媒体课件评价

幼儿园多媒体课件是幼儿园教师的辅助教学工具，它要向幼儿展示。为了保证其质量，对幼儿园多媒体课件，也有一定的评价标准和方法。

1.7.1　幼儿园多媒体课件评价标准

幼儿园多媒体课件的质量可从教育功能性标准、技术性标准、艺术性标准三个方面来进行评价，具体解释如下：

1．教育功能性标准

教育功能性标准分为科学性标准和教学性标准两个部分。

（1）科学性标准。课件内容必须准确反映客观规律，符合科学原理，名词、术语和符号的使用都要符合相应的规范，符合幼儿园的教学规律。

（2）教学性标准。课件的运行符合教学的一般规律，即教学目标明确、教学内容深度和难易程度适当，同时具有系统性、连贯性，符合循序渐进的原则，教学方法先进，并能激发幼儿的学习兴趣，能调动其学习的积极性和创造性，有助于幼儿自主学习。另外，课件的设计还要符合因材施教的原则，方便对教学效果给予及时、有效的反馈，及时调整学习内容和进度，帮助幼儿更好地把握知识。

2．技术性标准

制作的课件要能够充分利用多媒体技术的优势和特点，具有较强的交互性、集成性和灵活性，课件的运行具有稳定性，界面能够实现友好的人机交互操作，并符合幼儿的学习规律。

3．艺术性标准

制作的课件中，教学信息要层次分明、布局合理、重点突出、动静结合，教学信息和操作提示的安排要衔接合理，色彩、音效等元素都要与教学内容统一，程序运行的节奏要符合教学过程的需要。

1.7.2　幼儿园多媒体课件评价方法

幼儿园多媒体课件评价的方法有技术检测法、调查评议法、实验研究法和综合评价法四种，下面进行具体介绍：

1．技术检测法

技术检测法是指根据多媒体教学软件的制作规范，对检测项目组织相关技术人员进行检测。这里的检测主要是检测多媒体素材的内容、硬件和软件环境的要求、安装程序和注意事项等，以使制作完成后的课件能够符合幼儿园教学的要求。

2．调查评议法

调查评议法是指对使用多媒体教学软件的幼儿园教师和幼儿，以及相关人员进行调查了解，收集、统计并分析有关的数据，对多媒体教学软件进行测评，然后在幼儿园中展开教学研究，必要时可以请家长参与。

3．实验研究法

实验研究法是指选择不同层次的实验对象，如幼儿园班级、幼儿等，实施多媒体教学实验或对照实验，通过对实验前后或不同对象的教学效果进行对比分析，评价多媒体教学软件的质量。这种评价方法将有利于幼儿园多媒体课件的对比研究。

4．综合评价法

综合评价法是指根据明确的目标，按照一定的标准，采用科学的方法和量化指标，进行综合测量与分析，对多媒体教学软件的功能、性能做出评价，使幼儿园教学课件更加完善，更加符合幼儿园的教学实际。

第 2 章

多媒体课件素材收集与处理

课件素材是组成多媒体课件的基本元素，也是传递教学信息的主要媒介。多媒体课件是否出彩，其素材往往起着举足轻重的作用，因此在制作多媒体课件前，应该准备和处理好所需素材。多媒体课件中的素材主要包括文本素材、图片素材、视频素材、音频素材和动画素材等类型，每一种类型的素材都具有不同的特点，适用于不同的场合。这些素材能够丰富课件的表现形式，提高幼儿的学习兴趣和参与度。

多媒体课件素材的选择和制作是制作高质量多媒体课件的重要环节。教师需要根据教学目标和教学内容选择合适的素材类型和表现形式，以确保课件的质量和效果。

教学目标

◎掌握文本素材的收集与处理。
◎掌握图片素材的收集与处理。
◎掌握音频素材的收集与处理。
◎掌握视频素材的收集与处理。
◎掌握动画素材的收集与处理。

2.1 文本素材收集与处理

文本即文字，指的是字母、数字和符号。文字是多媒体课件中最基本的素材。在制作幼儿园多媒体课件时，一般多采用声音、图片和视频等元素，文字虽然使用较少，但是在课件设计中也是必不可少的元素。对于幼儿来说，文字的大小、位置和颜色的设计都要符合其年龄特点，因此，文本编辑是幼儿园多媒体课件制作中非常重要的一个部分。下面处理一个名为“小萝卜头”学文化的故事[①]的文本素材，处理完成后的参考效果如图 2-1 所示。

① 故事来源于小说《红岩》。

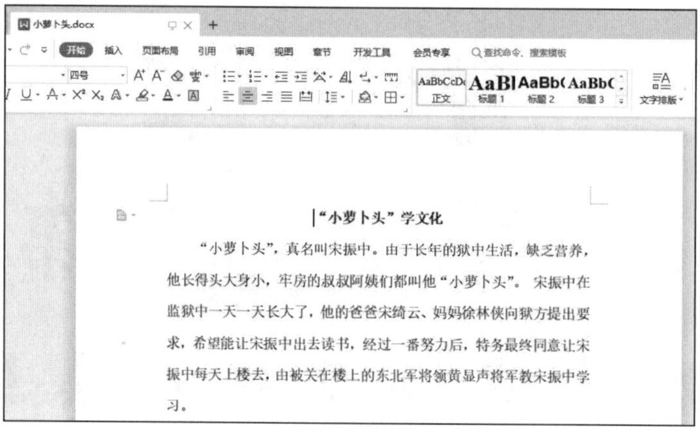
"小萝卜头"学文化

"小萝卜头"，真名叫宋振中。由于长年的狱中生活，缺乏营养，他长得头大身小，牢房的叔叔阿姨们都叫他"小萝卜头"。宋振中在监狱中一天一天长大了，他的爸爸宋绮云、妈妈徐林侠向狱方提出要求，希望能让宋振中出去读书，经过一番努力后，特务最终同意让宋振中每天上楼去，由被关在楼上的东北军将领黄显声将军教宋振中学习。

图 2-1 "'小萝卜头'学文化"的文本素材

2.1.1 文本素材的收集

文本素材的收集方法：可通过文本输入的方式来添加内容；也可通过录音、语音转文字的方式来添加内容；若文字内容较多，也可通过网络搜索或者光学字符识别（OCR）技术来实现。（内容侧重于红色经典故事，通过了解"小萝卜头"在艰苦环境下不屈不挠坚持学习文化的故事，引导学生珍惜现有的学习机会，勤奋好学、努力奋斗，建立民族自豪感和爱国主义情怀。）

1. 文本输入

文本输入法是指文本键盘输入法，是一种通过敲击键盘来输入文字的方式，是现代计算机的基本输入方式之一。英文字母、数字、常用的标点符号等都可以直接从键盘输入，而汉字、中文标点符号等则使用相应输入法来完成输入。输入法是根据用户敲击的按键，从字母表中匹配最有可能的单词或短语，并通过预测文本、自动完成功能等技术帮助用户输入得更加快捷、更加准确。在某些输入法软件中，用户还可以添加个人字典，以提升输入体验。

2. 网络搜索

在信息化的时代，信息已经突破时间、空间等限制，用户可通过百度、搜狗等搜索引擎搜索文本素材，然后使用复制、粘贴的方法将其保存下来。若需要的文本素材是以 Word、PPT、PDF 等格式保存在网页上时，可通过下载的方式将其保存到本地计算机，然后使用。

2.1.2 文本素材的处理

"文字"是 WPS 办公软件的组件之一，是一款功能非常强大的文字处理软件，支持文本的输入与相关的格式设置。

做一做："小萝卜头"学文化

预习内容：

1.背景了解

（1）"小萝卜头"的故事发生在哪个历史时期？

（2）故事中的主要人物是谁？他们之间的关系是什么？

2.故事情节

（1）“小萝卜头”为什么会被关进监狱？他的父母是做什么的？

（2）在监狱里，“小萝卜头”面临了哪些困难？他是如何克服的？

（3）“小萝卜头”是如何在监狱里学习的？他的学习环境如何？

（4）“小萝卜头”有哪些特别的朋友或支持者？他们对他有何影响？

3.人物性格

（1）“小萝卜头”有哪些性格特点？这些性格特点是如何在故事中体现出来的？

（2）“小萝卜头”的父母对他的成长有何影响？他们是如何教育他的？

（3）监狱里的其他人物（如狱警、其他囚犯等）对“小萝卜头”有何看法？他们的态度是如何影响小萝卜头的？

4.主题与寓意

（1）故事想要传达的主要主题或寓意是什么？

（2）你认为“小萝卜头”的故事对我们今天有什么启示或教育意义？

（3）你能从“小萝卜头”身上学到哪些优秀的品质或精神？

5.拓展思考

（1）如果你是“小萝卜头”，你会如何应对监狱中的困境和挑战？

（2）你认为在什么样的环境下，一个人的成长会受到影响？为什么？

（3）在你的生活中，有没有像“小萝卜头”一样勇敢、坚强的人？他们是如何影响你的？

6.具体操作

下面在网上复制“‘小萝卜头’学文化”故事文本，并将其保存到“文字”文档中，其具体操作如下：

（1）打开浏览器，在地址栏中输入百度网站的网址，按【Enter】键，在打开页面的搜索文本框中输入“‘小萝卜头’学文化”文本，单击“百度一下”按钮，如图 2-2 所示。

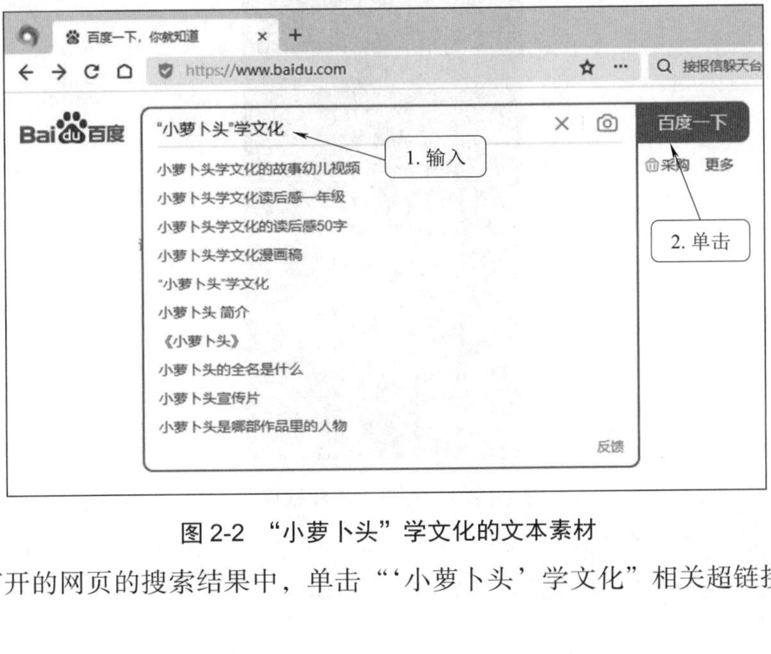

图 2-2 “小萝卜头”学文化的文本素材

（2）在打开的网页的搜索结果中，单击“‘小萝卜头’学文化”相关超链接。

（3）打开新的页面，在其中显示了“‘小萝卜头’学文化”故事的文本内容，拖动鼠标指针选择需要的文本内容，然后在选择的文本上右击，在弹出的快捷菜单中选择“复制”命令，如图 2-3 所示。

图 2-3 “小萝卜头”学文化 的文本

（4）单击“开始”按钮，在打开的菜单中选择“WPS Office”命令，启动 WPS 程序，如图 2-4 所示。

图 2-4 打开 WPS 软件

（5）新建一个空白“文字”文档，在其中右击，在弹出的快捷菜单中选择“粘贴”命令，并将多余的文字和空行删除，效果如图 2-5 所示。

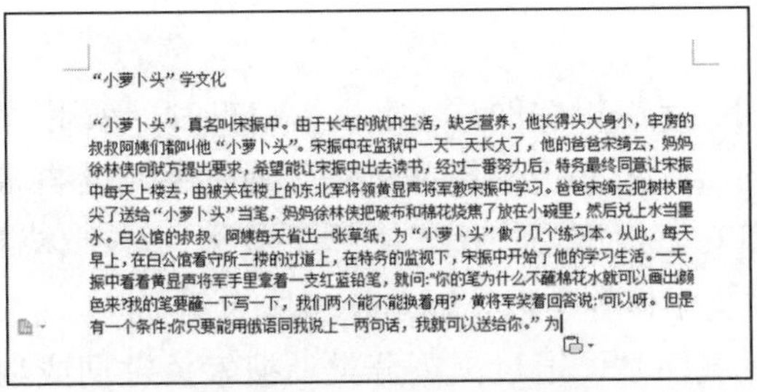

图 2-5　粘贴文本并删除不需要的文本

（6）选中第一行“‘小萝卜头’学文化”字样，在“开始”选项卡中设置字符格式为“黑体、三号、加粗”；在段落组中设置“居中”，如图 2-6 所示。

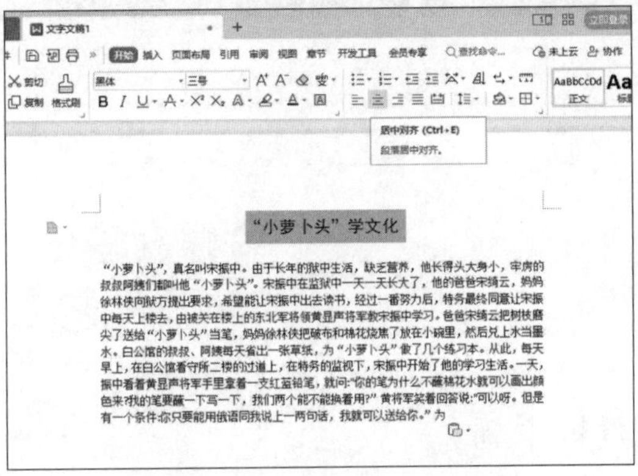

图 2-6　设置标题文本格式

（7）拖动鼠标指针，选中正文文本，右击，在弹出的快捷菜单中选择“段落”命令，打开“段落”对话框，在“缩进”栏的“特殊”下拉列表框中选择“首行”选项，单击“确定”按钮，如图 2-7 所示。

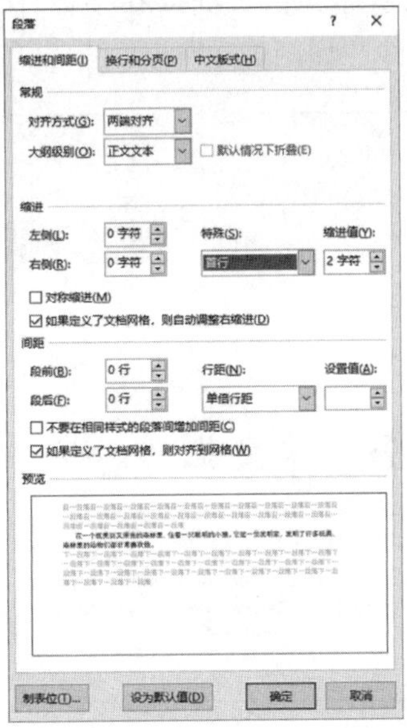

图 2-7　设置段落首行缩进

2.1.3 字体下载

在制作 PPT 或者使用文字编辑软件对文字进行编辑时，采用不同字体，可以突出重点，层次分明，使其与下文内容有着平滑的缓冲过程。通常系统会自带一部分字体，若还不能满足设计需求，我们可以在百度网站中搜索字体下载网站或字体资源网站，或者直接输入字体下载网站网址例如站长字体等（以下以站长字体为例）。

（1）进入站长字体下载网站，通过浏览分类、搜索关键词或浏览热门字体来寻找需要的字体，如图 2-8 所示。

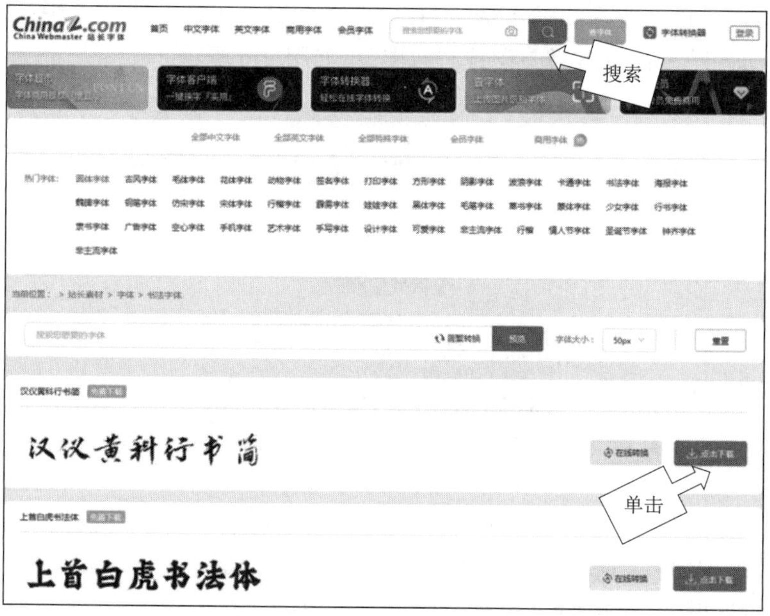

图 2-8 搜索字体

（2）选择合适的字体，进入字体详情页面。在字体详情页面，可以预览字体样式、查看字体授权信息以及下载字体文件，如图 2-9 所示。

图 2-9 预览、下载字体

（3）根据网站提供的下载按钮或链接，单击下载字体文件。通常字体文件会以压缩包（如 .zip 或 .rar）或 .ttf 的形式提供，可以将其保存到计算机上。

（4）如若下载的是压缩包，则解压缩字体文件，然后安装字体。如果不是压缩包，是 .ttf 格式，则直接双击该字体进行安装。

（5）安装完毕之后，重新打开 WPS 软件，检验字体是否安装成功，如图 2-10 字体运用。（注意：如果安装字体时 office 软件是处于打开的状态，安装完毕后请重新打开该软件。）

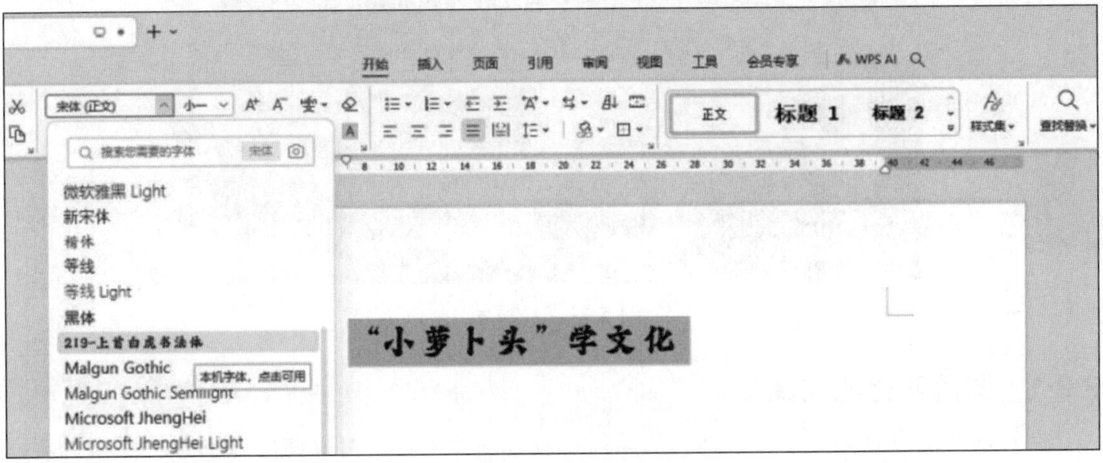

图 2-10　字体运用

2.2 图片素材收集与处理

有些幼儿的思维具有一定的抽象倾向，但大部分的仍然以具体形象思维为主，且幼儿有自主意识地观察事物的时间比较短。因此，较多的文字可能会让幼儿失去学习兴趣。利用图片素材，并以标注的形式将重要的信息标识出来，图文并茂地展现教学内容，可以大大提高幼儿的学习兴趣。因为图片可以生动、形象、直观地表示出大量的信息，帮助幼儿理解教学的内容，解释相关的概念或现象，所以，图片素材是幼儿学习时容易接受的信息表现元素之一。图片素材主要应用于幼儿园多媒体课件中使用的图形、背景图片及创设教学情境等方面。在选择幼儿多媒体课件图片素材时，需要考虑以下规则：

（1）安全性：图片素材应符合幼儿的识别范围，不含有不适宜幼儿观看的内容，如暴力等。

（2）教育性：图片素材应符合教育教学的要求，能够让幼儿了解新事物、涵盖广泛的教材内容，能够引导幼儿独立思考。

（3）质量：素材的选择应该经过整理、筛选、修改等，可以满足印刷、显示等需要，画质清晰、对比度明显、颜色亮度符合要求。

（4）美观性：图片素材应该美观、充满童趣、有一定的创意，能够吸引幼儿的注意力，切忌过于单调、沉闷。

（5）结合幼儿园的特点和季节变化等不同因素，灵活选择适合的图片素材。

下面是使用 Photoshop 处理一张草原卡片来作为幼儿园多媒体课件中的背景图片，如图 2-11 所示。

图 2-11 效果图

2.2.1 图片素材的收集

图片素材的收集方式多种多样，如果需要收集图片素材，可以使用以下方法：

1. 通过数码产品收集

如今，数据产品普及面非常广，数码照相机、高清拍照手机等大众化的数码产品都可以作为收集图片素材的工具。图片素材可以通过自行拍摄的方法来收集，然后将拍摄的数码照片直接导入计算机。

2. 利用搜索引擎

可以通过搜索引擎搜索与主题或关键字相关的图片素材，如百度图片等，但注意一定要使用版权许可的图片，以免发生版权纠纷。

（1）打开“百度图片”页面，在搜索文本框中输入“灯笼”文本，单击“百度一下”按钮，如图 2-12 所示。

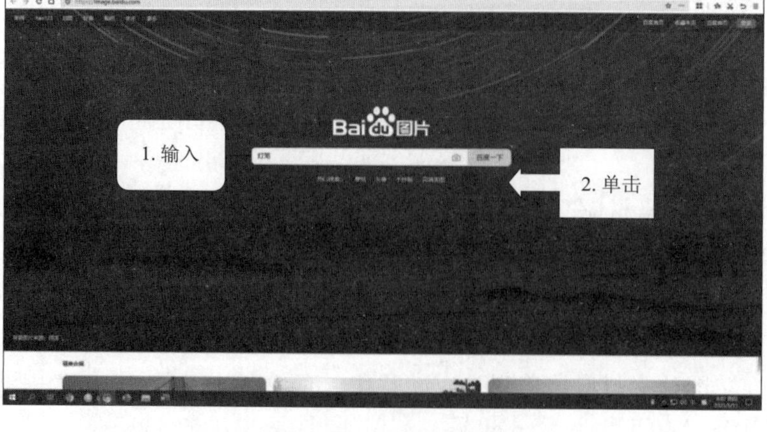

图 2-12 搜索图片

（2）此时打开的网页中将显示搜索结果，图片以缩略图的方式显示，单击需要的图片缩略图。

（3）此时将打开原始大小图片所在的网页，并显示预览效果，在其上右击，在弹出的快捷菜单中选择“将图片另存为”命令，如图 2-13 所示。

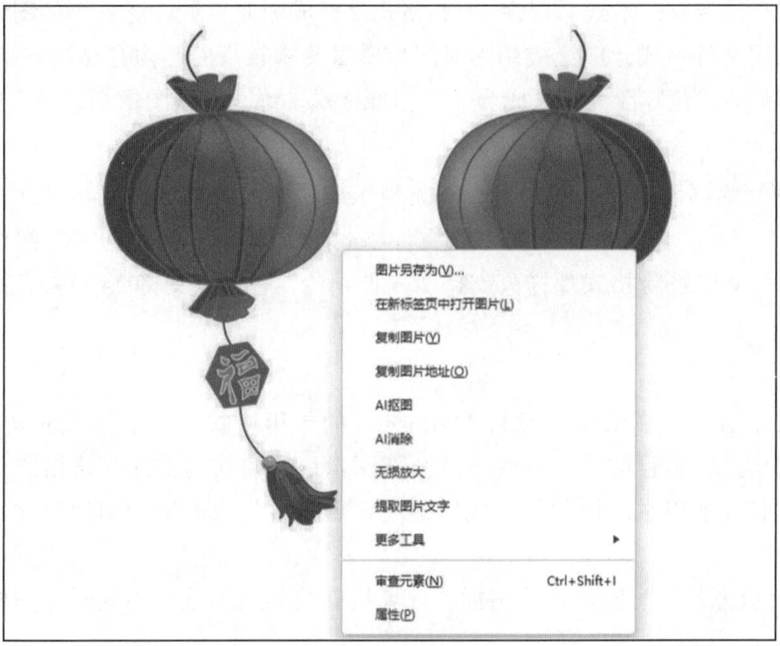

图 2-13　保存图片

3．站点提供商

一些图片素材站点，如千图网等，提供高质量图片素材供人免费使用。

2.2.2　不同格式的图像文件及其特点

计算机的图像格式非常多，这里只介绍 Windows 操作系统中常见的图像格式。

1．BMP

BMP 文件是 Windows 操作系统的位图文件，可以用任何颜色深度（从黑白到 24 位颜色）存储单个光栅（也称点阵）图像。Windows 位图文件格式与其他 Microsoft Windows 程序兼容。

2．JPEG

JPEG 图像文件格式是一种有损压缩格式，因其具有较大的压缩损失比，而图像质量损失较小，而被广泛用于各个图形领域。如可以把 1.37 MB 的 BMP 位图文件压缩至 20.3 KB。JPEG 格式压缩的主要是高频信息，对色形的信息保留较好，适合应用于互联网，可减少图像的传输时间。JPEG 格式还可以支持 24 bit 真彩色，也普遍应用于需要连续色调的图像。

3．GIF

GIF 是“图像互换格式”，其主要特征是可以存储多幅彩色图像，将彩色图像逐幅读出并显示到屏幕上，就可构成一种最简单的动画。GIF 图像以 256 色存储单个光栅图像数据或多个光栅图像数据，支持透明度、压缩、交错和动画。

4．TIFF

TIFF 图像格式最初的设计目的是达成一个公用的、统一的扫描图像文件格式，而不是每个厂商使用自己专有的格式。现在 TIFF 格式已经成为业界最广泛支持的图像格式，是最复杂的一种位图文件格式，广泛应用于对图像质量要求较高的图像存储与转换中。TIFF 图像格式的结构灵活，包容性大，已成为一种标准格式，绝大多数图像系统都支持这种格式。

5．PNG

PNG 是便携式网络图形格式，是一种无损压缩的位图图形格式，其设计目的是试图替代 GIF 和 TIFF 格式，同时增加一些 GIF 文件格式所不具备的特性。PNG 图像格式支持透明度，但又不像 GIF 图像格式那样只支持 256 种颜色，它最高支持 24 位彩色图像以及 8 位灰度图像。

6．PSD

PSD 格式是 Adobe 图形设计软件 Photoshop 的专用格式。PSD 格式的文档包含图层、通道、路径等信息，是目前唯一能够支持全部图像色彩模式的格式。该格式很少为其他软件和工具所支持，所以在图像制作完成后，通常需要转化为通用的图像格式，以便其在其他地方应用。

图 2-14 所示为各种图像格式的图标。计算机安装的应用软件不同时，图标的外观会发生变化。

图 2-14　不同格式图形文件的图标

2.2.3　图片编辑1——使用百度AI图片助手修改查找图片

百度 AI 图片助手是一款基于人工智能技术的图片处理软件，功能强大、操作简单，它可以帮助用户快速对图片进行智能识别、编辑和处理。具体来说，百度 AI 图片助手的功能包括但不限于以下几点：

（1）智能识别：通过人工智能技术，百度 AI 图片助手可以智能识别图片中的物体、场景、人脸等，并提供相应的标签和描述。这有助于用户更好地理解图片内容，并对图片进行分类和整理。

（2）图片编辑：百度 AI 图片助手提供了多种图片编辑工具，如裁剪、旋转、滤镜、调整亮度和对比度等。用户可以通过简单的操作，快速实现图片的美化和处理。

（3）人像美容：百度 AI 图片助手还提供了一站式人像美容功能，包括磨皮、美白、瘦脸、大眼等效果。用户可以轻松地对照片进行美化和修饰。

（4）文字识别：除了图片识别外，百度 AI 图片助手还支持文字识别，可以将图片中的文字转换成可编辑的文本。这有助于用户快速提取图片中的重要信息。

（5）智能拼图：百度 AI 图片助手可以根据用户提供的多张图片自动生成一张有创意的

拼图。用户可以选择不同的拼图模板和布局，打造个性化的拼图效果。

（6）动态照片：百度 AI 图片助手还可以将多张静态照片合成为动态照片，并添加各种特效和音效。这有助于用户创作出更加生动有趣的照片效果。

具体操作步骤如下：

（1）使用百度搜索引擎，输入“感恩父母”字样，搜索范围选择“图片”，搜索结果如图 2-15 所示。

图 2-15　百度搜索

（2）选择合适的图片，单击该图片，进入显示该图片页面，将鼠标指针轻移到该图片上，将出现“AI 图片编辑”按钮，如图 2-16 所示，单击该按钮。

图 2-16　单击“AI 图片编辑”按钮

（3）进入 AI 图片编辑软件，界面如图 2-17 所示，右边是工具栏。

图 2-17 “AI 图片编辑”界面

（4）可以看出图片比较模糊,可以单击右上角的“画质修复”按钮对图片画质进行修复，效果如图 2-18 所示，在下方显示原图与修复后效果图的缩略图，单击缩略图可看到该缩略图的图片效果。

图 2-18 “画质修复”效果

（5）删除图片上不需要的部分,如删除图片上的文字,只需单击右侧“涂抹消除”按钮，使用画笔涂抹图片上的文字，然后单击右下角的“立即生成”按钮即可消除图片上的文字，效果如图 2-19 所示。

（6）还有其他功能按钮，大家可以都试一试修图效果，如果效果不佳，可以单击左上角的“重置”按钮重新进行修图，如果达到需要的效果，则单击“下载”按钮将图片下载下来，操作非常简单。

图 2-19 “消除文字”效果图

2.2.4　图片编辑2——Photoshop 2024界面简单介绍

在多媒体课件制作中，图片的使用是非常广泛的，因此，幼儿园教师还需要对收集到的图片进行简单的处理，使图片更符合课件的需要。Windows 附件中的画图程序可以对图形图像进行简单的处理，Office 软件也提供了对图片的简单处理功能。但是要对图片进行复杂的处理，需要使用专业的图形图像处理软件，Photoshop 是个不错的选择。Photoshop（简称 PS）是专业的图形图像处理软件，可以有效地进行图形图像编辑工作。PS 有很多功能，在图像、图形、文字、视频、出版等各方面都有涉及。

1．Photoshop 2024操作界面

Photoshop 2024 的操作界面主要包括以下几个部分：菜单栏、工具属性栏、工具箱、选项卡式文档窗口面板组、状态栏等，Photoshop 2024 操作界面图如图 2-20 所示。

图 2-20　Photoshop 2024 操作界面

在操作 Photoshop 时，需要重点掌握菜单栏、工具属性栏和面板组的使用，这些部分的使用将直接影响图像编辑的效果和效率。

2．菜单栏

菜单栏位于界面的最上方，包含了“文件”“编辑”“图像”“图层”等 11 组菜单。这些菜单中包含了 Photoshop 的大多数指令，通过单击任意一个菜单项，可以打开相应的下拉菜单，里面包含与菜单项名称相关的各种操作指令。

（1）“文件”菜单：主要用于对图像文档进行基本操作与管理，其中包括新建、打开、保存、导入、导出及打印等命令。

（2）“编辑”菜单：主要用于进行一些基本的编辑操作，如撤销、重做、复制、粘贴填充及自由变换等，它们都是图像编辑过程中常用的命令。

（3）“图像”菜单：主要用于对图像的操作，如调整图像和画布的尺寸、分析和修改图像的色彩、图像模式的转换等。

（4）“图层”菜单：主要用于对图层的创建和删除，以及添加图层样式、蒙版等操作。

（5）“选择”菜单：主要用于选取图像区域，且对选择的区域进行编辑。

（6）“滤镜”菜单：该菜单包含了众多的滤镜命令，可对图像或图像的某个部分进行模糊、渲染、素描等特殊效果的制作。

（7）“视图”菜单：主要用于对 Photoshop 2024 的编辑屏幕进行设置，如改变文档视图的大小、缩小或放大图像的显示比例、显示或隐藏标尺、参考线和网格等。

（8）“窗口”菜单：主要用于设置编辑窗口，如切换文档、隐藏和显示各种面板等。

（9）“帮助”菜单：包括丰富的帮助信息，以及产品注册等信息。

3．快捷菜单

除了主菜单外，Photoshop 还提供了快捷菜单，方便快速地使用软件。选择不同的工具，在不同的图像编辑状态下，系统所打开的快捷菜单是不同的。打开鹦鹉图片，若当前是在选中“选框工具”或“套索工具”状态下，右击打开快捷菜单如图 2-21 左图所示，若当前在选中“画笔工具”状态下，右击打开快捷菜单如图 2-21 右图所示。

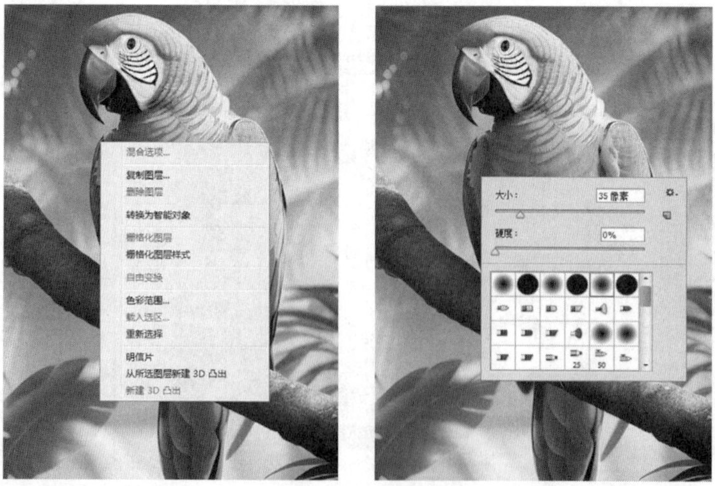

图 2-21　不同工具的快捷菜单不同

4．工具箱

Photoshop 工具箱是 Photoshop 软件中的一个重要组件，它包含了多种工具，用于处理图像、绘制图形、选择区域等，使用这些工具可完成选择、绘制、编辑、观察、合成等操作。在使用这些工具时，需要注意一些细节和技巧，如：在使用魔棒工具时，可以通过调整容差值来控制魔棒选择的范围；在使用画笔工具时，可以通过调整笔头大小、颜色等属性来达到不同的效果；在使用套索工具时，要注意鼠标的准确移动和点击等。只有掌握这些技巧和方法，才能更好地使用 Photoshop 工具箱来处理图像、绘制图形等。

在工具箱中部分工具图标的右下角有个小三角 ，表示该工具组中还有隐藏的工具未显示。直接在该图标上右击（或者左键长按），即可调出该工具组的工具列表。详细工具箱如图 2-22、图 2-23 所示。

下面对常用工具的使用进行简单的说明：

（1）移动工具：用于移动图层、图片或文字。选中需要移动的对象后，使用移动工具可以将其拖动到任意位置。

（2）选区工具：包括矩形选择工具、椭圆选择工具、单行 / 单列选择工具等。这些工具可以帮助用户选择特定的图像区域进行编辑。例如，矩形选择工具可以绘制矩形选区，椭圆选择工具可以绘制圆形选区。

（3）套索工具：包括多边形套索工具、圆形套索工具和磁性套索工具。这些工具允许用户通过绘制自由路径来选择图像区域。

（4）快速选择工具和魔棒工具：这两个工具都基于颜色选择图像区域。快速选择工具允许用户手动绘制选区，而魔棒工具则根据颜色相似性自动选择区域。

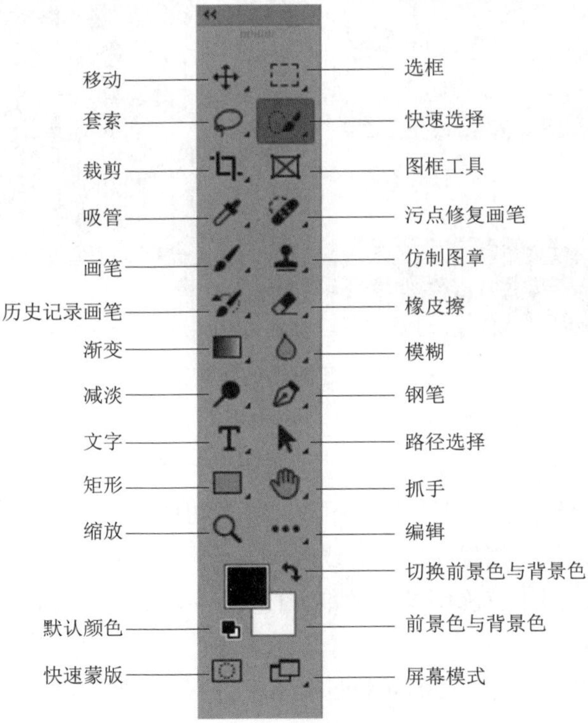

图 2-22　Photoshop 工具箱

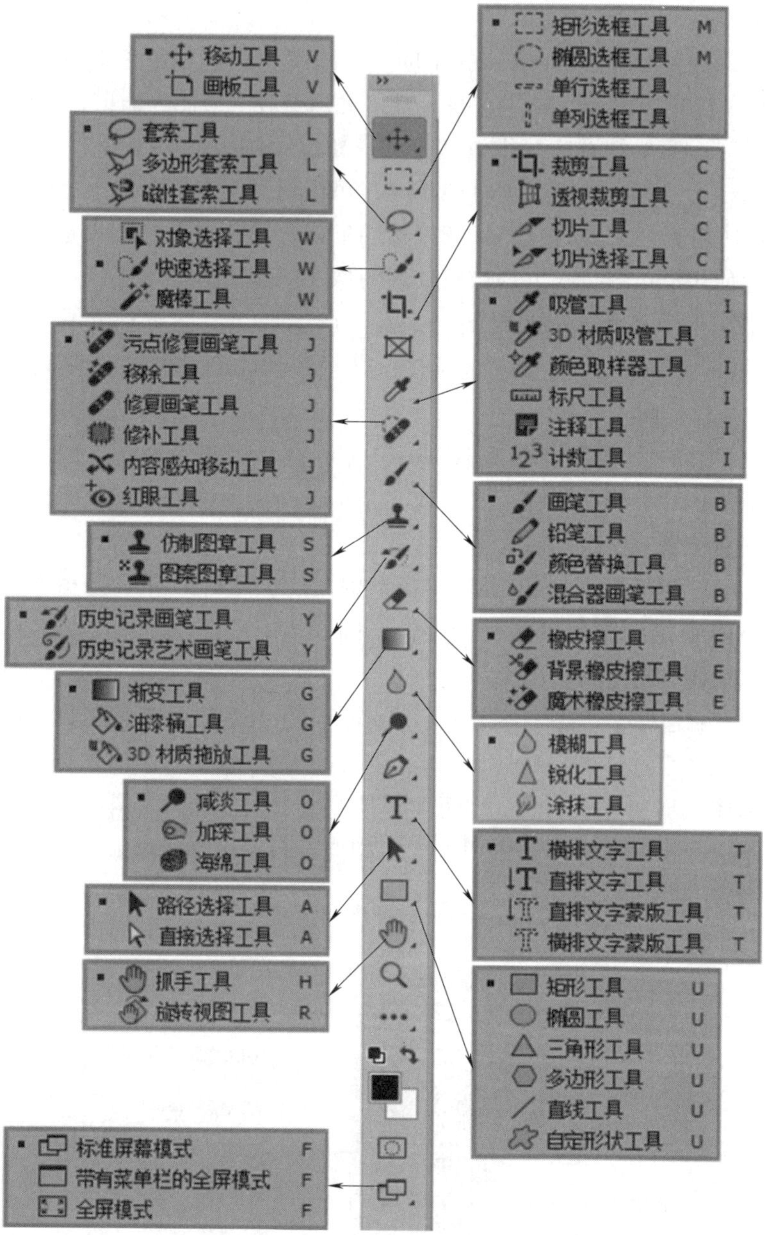

图 2-23 工具箱的所有工具

（5）裁剪工具：用于裁剪图像，可以选择不同的裁剪模式（如固定比例、自由裁剪等）来裁剪图像。

（6）画笔工具和铅笔工具：用于绘制图像或进行图像修饰。画笔工具可以模拟真实画笔的效果，而铅笔工具则可以创建硬边缘的线条。

（7）橡皮擦工具：用于擦除图像中的部分区域。可以选择不同的橡皮擦模式（如画笔、铅笔等）来擦除图像。

（8）渐变工具：用于创建平滑的颜色过渡效果。可以选择不同的渐变类型和颜色来创建渐变效果。

（9）文字工具：用于在图像中添加文字。可以选择不同的字体、大小、颜色等属性来设置文字样式。

（10）钢笔工具：用于创建精确的路径和形状。通过绘制路径，用户可以创建复杂的图形和图像。

5. 使用面板和面板组

面板和面板组是 Photoshop 软件中的重要组成部分，它们提供了各种功能和工具，以帮助用户更好地处理和编辑图像。

面板是 Photoshop 中的小窗口，每个面板都有特定的功能。例如，层面板可以显示当前选择的图层的信息，通道面板可以显示图像的通道信息。用户可以根据需要选择打开或关闭这些面板。

面板组是由多个相关面板组成的集合。在 Photoshop 中，有许多预设的面板组，例如“移动工具”面板组就包含了移动工具、图层样式、图层蒙版等面板。这些面板组可以帮助用户更方便地管理和使用相关功能。

（1）在 Photoshop 中，按【Tab】键可隐藏工具箱和所有显示的面板，再次按【Tab】键可恢复，如果仅隐藏所有面板，则可按【Shift+Tab】组合键。

对于最右侧已展开的面板，单击其顶部的伸缩栏，可将其收缩成为图标状态，再次单击面板全部展开，效果如图 2-24 所示。

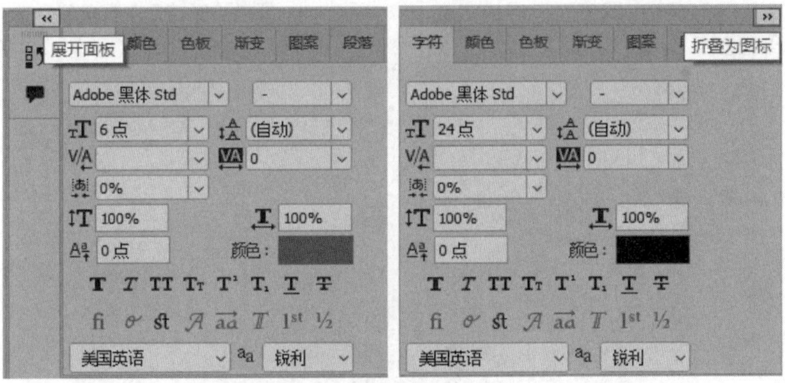

图 2-24　展开和收缩面板

（2）将鼠标指针移动到面板左侧边缘位置，鼠标指针变成双向箭头形状时，可调整面板栏的宽度，如图 2-25 所示。

（3）当要单独拆分出一个面板时，可以选中对应的图标或标签并按住鼠标左键，将其拖动到工作区的空白位置，具体如图 2-26 所示。

（4）要组合面板，可以拖动外部的面板至想要的位置，直到该位置出现蓝色反光时松开鼠标，即可完成面板的拼命操作，具体如图 2-27 所示。

6. 图像选项卡的调整

Photoshop 的图像选项卡是用于显示和管理当前打开的图像的文件选项卡，它可以帮助用户更方便地切换和编辑不同的图像。当打开一个或多个图像时，它们将在选项卡中以缩略图的形式显示。可以通过单击不同的选项卡来切换到不同的图像。在选项卡中，还可以看到图像的名称、格式、大小等信息。还可以通过单击选项卡底部的关闭按钮来关闭不需要的图像。

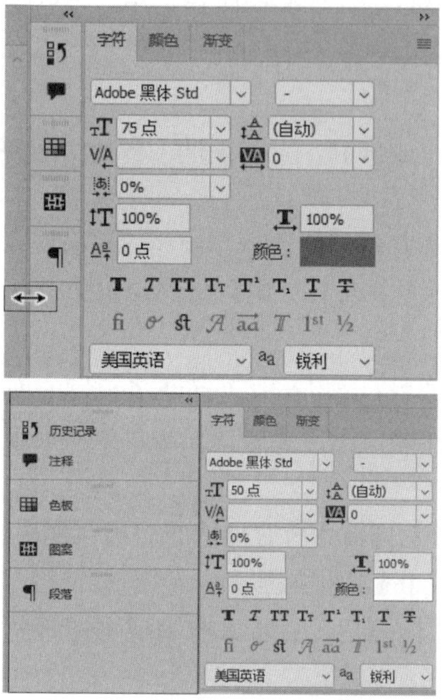

图 2-25　调整面板栏的宽度

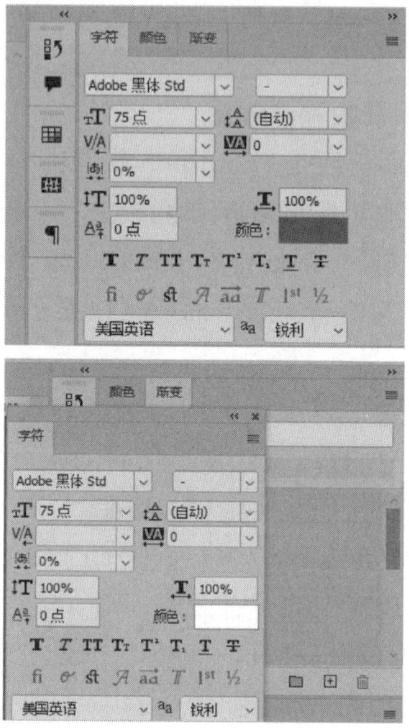

图 2-26　拆分面板栏

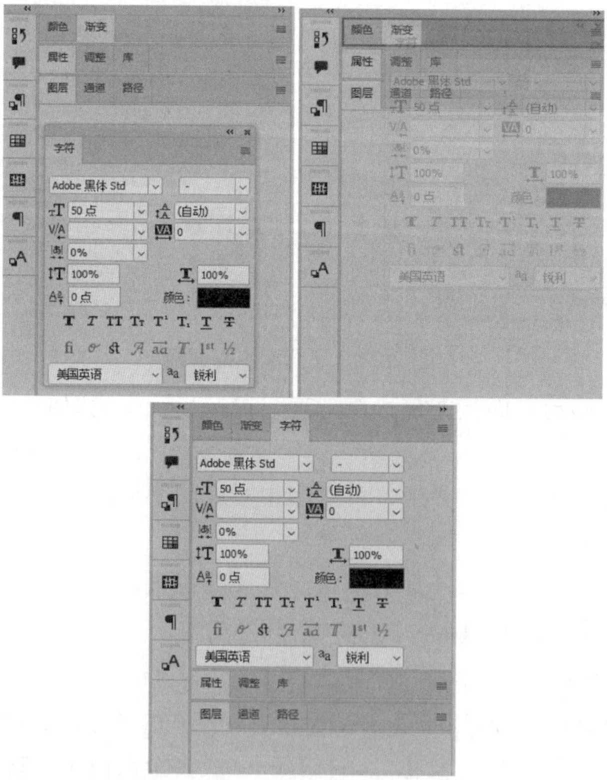

图 2-27　组合面板栏

此外，可以在选项卡中执行一些操作，例如调整图像大小、调整图像亮度、对比度等。这些操作可以通过单击选项卡中的相应按钮或通过菜单栏中的相应命令来完成。

Photoshop 2024 所有打开的图片默认是以选项卡的方式显示，如果想要恢复浮动窗口显示，可直接将鼠标指针移至选项卡的标题上，按住左键不放将选项卡拖出来，具体如图 2-28 所示。

图 2-28　恢复浮动窗口显示

如果打开的图片比较多，每次都要拖动会浪费时间，这时可利用“窗口”→“排列”→“使所有内容在窗口中浮动”功能，具体如图 2-29 所示。

图 2-29　批量恢复浮动窗口显示

7．图像处理的基本概念

1）关于位图和像素

位图：是以点阵方式保存图像中各点的色彩信息。

优点：画面细腻逼真，主要用于保存各种照片性质的图像。

缺点：文件占用空间大，且清晰度和分辨率有关，将图像放大到一定程度会模糊。

像素（pixel）：是用来计算数码影像的一种单位，图像的像素大小是指位图图像在高和宽两个方向上的像素总数。

当图片尺寸以像素为单位时，每一厘米等于 28 像素，比如 15×15 厘米长度的图片，等于 420×420 像素的长度。

2）矢量图形

矢量图：图形是利用各种图像处理软件绘制而成的。

优点：清晰度高与分辨率无关，可以将图形进行任意的放大和缩小，不会影响其清晰度和光滑性。

缺点：不易被制作成色彩层次丰富的图形，兼容性不强。

在 Photoshop 中使用“钢笔工具”及“形状工具”绘制的路径属于矢量图形的范畴。

总的来说，矢量图形更适合于表现大色块的对象，例如公司徽标、装饰图形等，而位图图像则适合于表现具有丰富细节的对象，例如人物肖像等。

3）图像分辨率

图像分辨率是指单位长度内包含的像素点的数量，它的单位通常为像素 / 英寸（dpi）。以分辨率为 1 024×768 的屏幕来说，即每一条水平线上包含有 1 024 个像素点，共有 768 条线，即扫描列数为 1 024 列，行数为 768 行。

分辨率决定了位图图像细节的精细程度。

4）图像分辨率与打印分辨率

图像分辨率不会影响屏幕显示的质量，但会影响打印出来的图像品质。如有一幅图像的分辨率为 100 dpi，大小为 1 800×1 000 像素，这表示打印时每英寸图像要用 100 个点来表现，所以打印出来的图像尺寸大约是 18 英寸 ×10 英寸（1 英寸 =2.54 厘米）。

如果通过图像处理软件把它的分辨率提高到 200 dpi，但物理尺寸不变，这时打印图像每英寸图像用 200 个点来表现，所以打印出来的图像物理尺寸只有 9 英寸 ×5 英寸，但由于打印时单位面积的墨点数目提高了，打印出来的图像也更加细腻。

通常情况下，图像的分辨率越高，所包含的像素就越多，图像就越清晰，印刷的质量也就越好。同时，它也会增加文件占用的存储空间。

要确定图像的分辨率，首先要考虑图像的最终用途。例如，对于只在屏幕上观看的图像，只需要满足屏幕显示的分辨率即可，通常设为 72 dpi 或者 96 dpi。打印图像时，通常分辨率设为 300 dpi 或更高。

2.2.5 Photoshop图层的应用

Photoshop 图层是图像编辑软件 Photoshop 中的一个核心概念。图层可以被视作一个透明的画布，用户可以在其上添加、编辑图像、文本或其他设计元素，而不会影响到其他图层。每个图层都可以独立地进行调整、修改和应用各种效果。

在 Photoshop 中，图层是叠加在一起的，通过调整图层的透明度和顺序，可以创建出各种复杂的图像效果。此外，图层也使得设计过程更加灵活，因为用户可以随时修改或删除某个图层，而不影响整体设计。

比如：在一张张透明的玻璃纸上作画，透过上面的玻璃纸可以看见下面纸上的内容，但是无论在上一层上如何涂画都不会影响到下面的玻璃纸，上面一层会遮挡住下面的图像。最后将玻璃纸叠加起来，通过移动各层玻璃纸的相对位置或者添加更多的玻璃纸即可改变最后的合成效果。

总的来说，Photoshop 图层为用户提供了一个强大的工具，使用户可以更方便地编辑、组合和管理图像元素，从而创造出丰富多样的设计作品。图层就像是含有文字或图形等元素的胶片，一张张按顺序叠放在一起，组合起来形成页面的最终效果。图层可以将页面上的元素精确定位。图层中可以加入文本、图片、表格、插件，也可以在里面再嵌套图层。

1．新建图层

我们可以在“图层”菜单选择“新建图层”，或者在图层面板下方单击“新建图层”→“新建图层组”按钮，具体如图 2-30 所示。

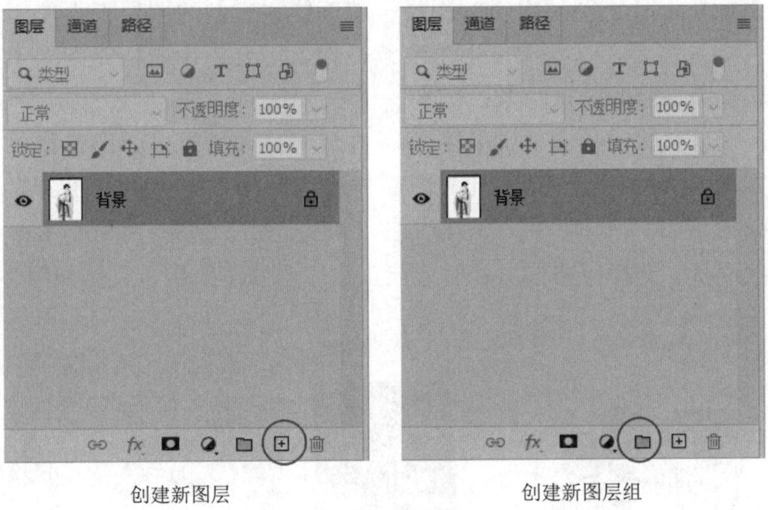

图 2-30　创建新图层

2．复制图层

需要制作同样效果的图层，可以右击该图层，在弹出的快捷菜单中选择“复制图层”命令，需要删除图层就选择“删除图层”命令。双击图层的名称可以重命名图层的名字，具体如图 2-31 所示。

3．颜色标识

选择“图层属性”选项，可以给当前图层进行颜色标识，有了颜色标识后在图层面板中查找相关图层就会更容易一些，具体如图 2-32 所示。

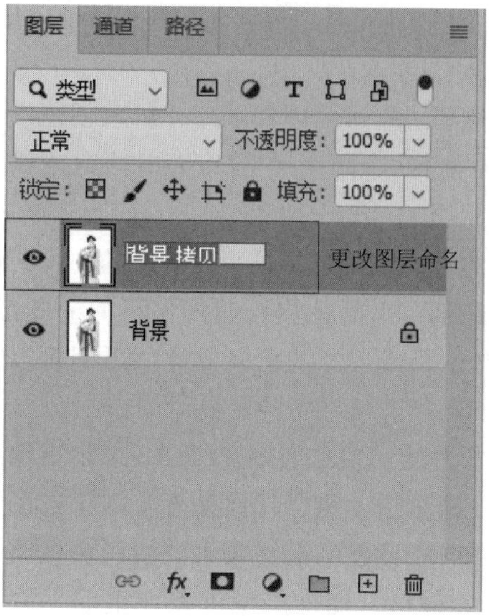

图 2-31　命名图层

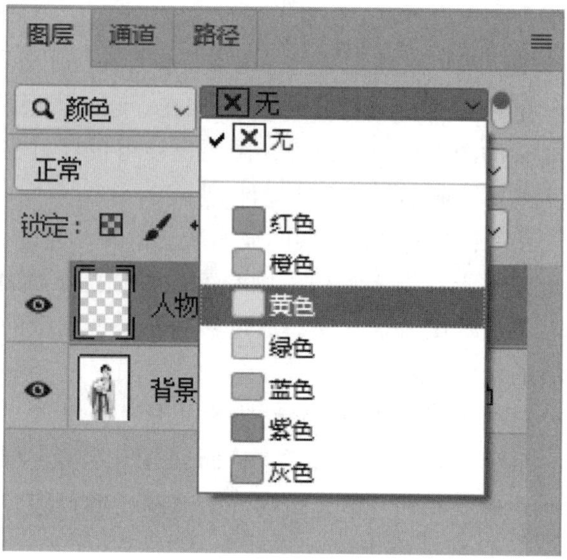

图 2-32　为图层标识颜色

4．栅格化图层

Photoshop 中的栅格化图层操作是指将矢量图层或智能对象图层转换为像素图像的过程。栅格化后，图层将由像素组成，可以进行像素编辑操作。一般我们建立的文字图层、形状图层、矢量蒙版和填充图层之类的图层，就不能在它们的图层上再使用绘画工具或滤镜进行处理了。如果需要在这些图层上再继续操作就需要使用栅格化图层了，它可以将这些图层的内容转换为平面的光栅图像。

下面通过一个实例来看看是不是在进行一些效果处理的时候必须选择“栅格化图层”。先用图形工具在图层上画一个图形（此时图形为路径状态），然后在“滤镜”菜单下给这个图形添加一个效果，如“滤镜”→“渲染”→“镜头光晕”效果。Photoshop 会弹出提示询问是否栅格化些形状，选择栅格化形状后才能正常应用滤镜效果，具体如图 2-33 所示。

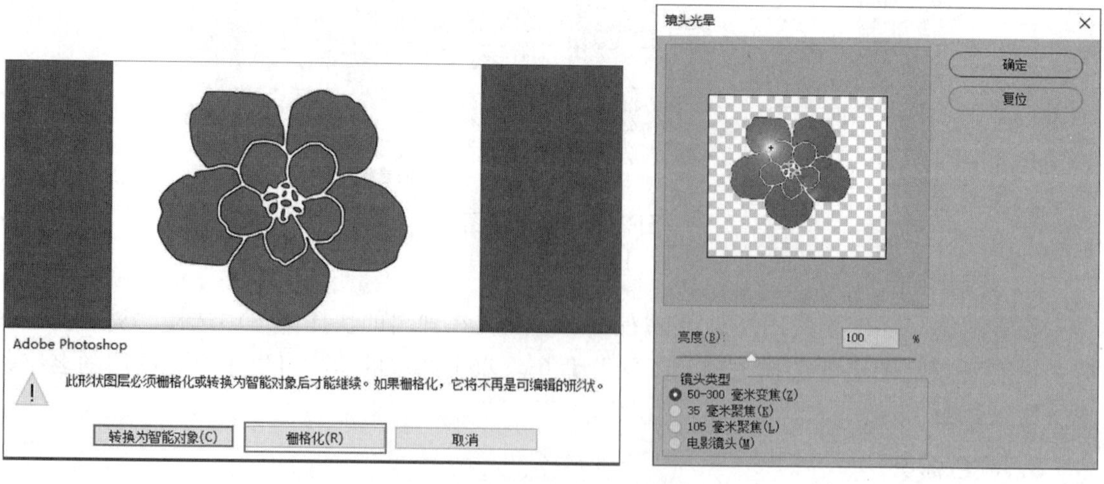

图 2-33　栅格化形状图层

栅格化图层，可以右击图层，在弹出的快捷菜单中选择“栅格化图层”命令，或者是在“图层”菜单中选择“栅格化”下各类选项，如图 2-34 所示。

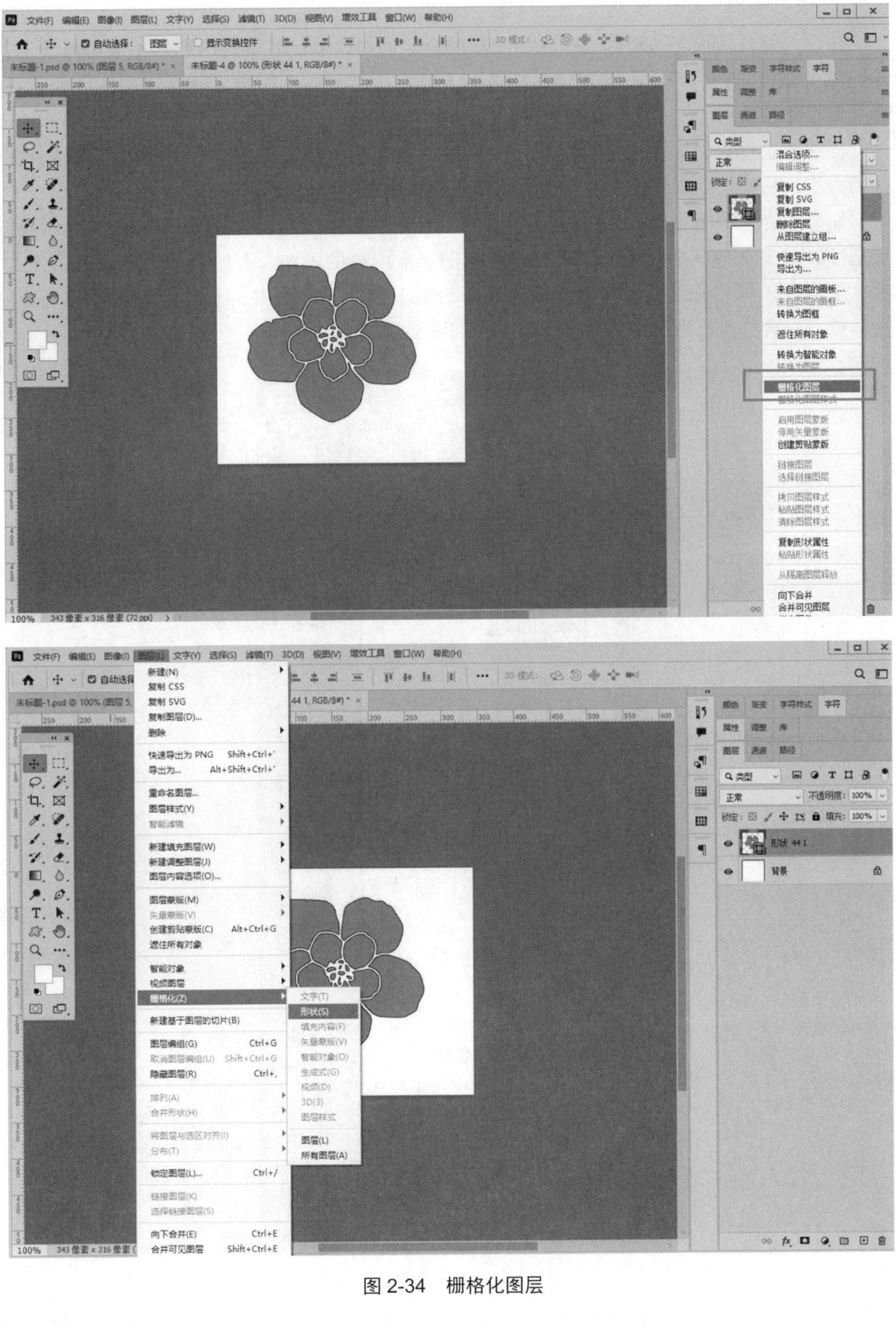

图 2-34　栅格化图层

注意：栅格化操作是不可逆的，因此在执行前需要谨慎确认。

5．合并图层

在设计的时候很多图形都分布在多个图层上，而对这些已经确定的图形不会再修改了，我们就可以将它们合并在一起以便于图像的管理。合并后的图层中，所有透明区域的交叠部分都会保持透明。

合并图层可以将多个图层合并成一个，可以制作出更加复杂的效果，而且可以减少文件的大小，从而提高工作效率，使图层更加整洁，便于后续的操作。

如果是将全部图层都合并在一起，可以选择菜单中的“合并可见图层”和“拼合图层”等选项，如果选择其中几个图层合并，根据图层上内容的不同，有的需要先进行栅格化之后才能合并。栅格化之后菜单中出现“向下合并”选项，要合并的这些图层集中在一起，这样就可以合并所有图层中的几个图层了，如图 2-35 所示。

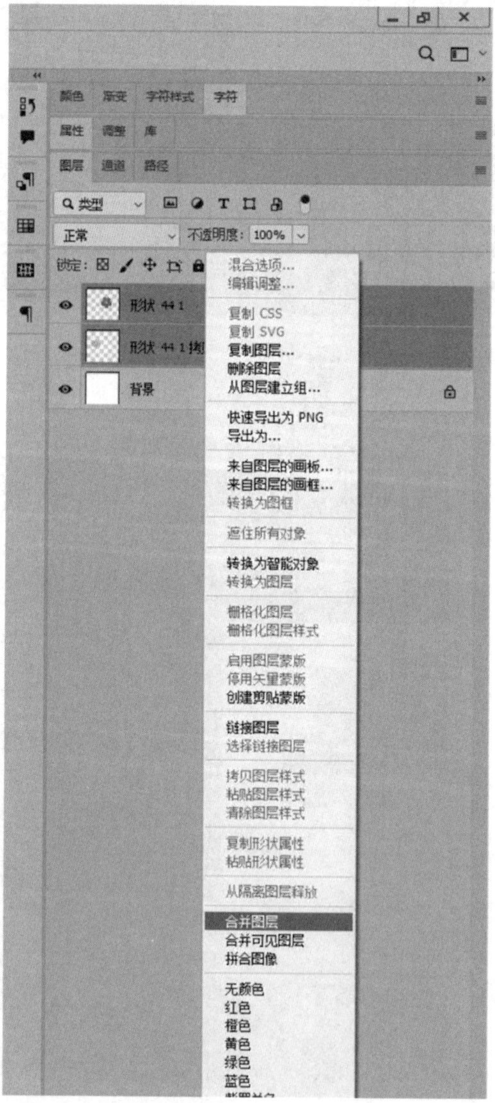

图 2-35　合并图层

2.2.6　简单图形绘制

Photoshop 中的简单图形可以应用于各种设计领域，通过合理的组合和调整，可以创造出丰富多彩的设计作品。

1．标志设计

可以使用简单的图形元素来创建标志，例如使用圆形、矩形等形状来制作简单的图标。

2．海报设计

在海报设计中，可以使用简单的图形元素来制作标题、背景等，以增加视觉效果。

3．网页设计

在网页设计中，可以使用简单的图形元素来制作按钮、导航条等界面元素，以提升用户体验。

4．插画设计

可以使用简单的图形元素来制作插画，例如使用线条、形状等来绘制人物、场景等。

本节的内容是利用 Photoshop 里的绘图工具绘制一幅简单的卡通图片。涉及的工具有油漆桶工具、选择工具、描边等工具，要求学生简单了解一些工具选项的设置方法，熟悉 Photoshop 软件的简单操作。

做一做：使用 Photoshop 绘制十二生肖之小猪

预习十二生肖相关内容：

1．基础知识

（1）定义：了解十二生肖的定义，即它是中国与十二地支相配以人出生年份的十二种动物，包括鼠、牛、虎、兔、龙、蛇、马、羊、猴、鸡、狗、猪。

（2）起源：研究十二生肖的起源，它与动物崇拜有关，最早记载与现代相同的十二生肖的传世文献是东汉王充的《论衡》。

（3）意义：理解十二生肖在中国文化中的重要性，它是民间观念的一部分，与婚姻、人生、年运等密切相关。

2．文化象征

（1）生肖象征：研究每个生肖所代表的文化象征意义，如：鼠象征机智、灵活和独立，牛象征勤劳、力量和奉献等。

（2）民俗活动：了解与十二生肖相关的民俗活动，如本命年等。

3．历史与文学

（1）历史价值：研究十二生肖在中国历史中的地位和作用，以及它在不同历史时期的演变。

（2）文学作品：查找与十二生肖相关的文学作品，如诗歌、对联、小说、戏剧等，并阅读一些经典作品。

4．艺术表现

（1）绘画与雕塑：研究以十二生肖为主题的绘画和雕塑作品，了解它们在艺术中的表现形式和风格。

（2）民间工艺：了解与十二生肖相关的民间工艺作品，如剪纸、年画、邮票等。

5．现代应用

（1）现代文化：研究现代文化中十二生肖的应用，如生肖邮票、生肖饰品、生肖吉祥物等。

（2）生肖节日：了解与十二生肖相关的节日和活动，如春节期间的生肖庆祝活动等。

6．具体操作

（1）新建空白文件，将文件名称设置为小猪，宽度为 800 像素，高度为 600 像素，分辨率为 72 像素 / 英寸，参数设置如图 2-36 所示。

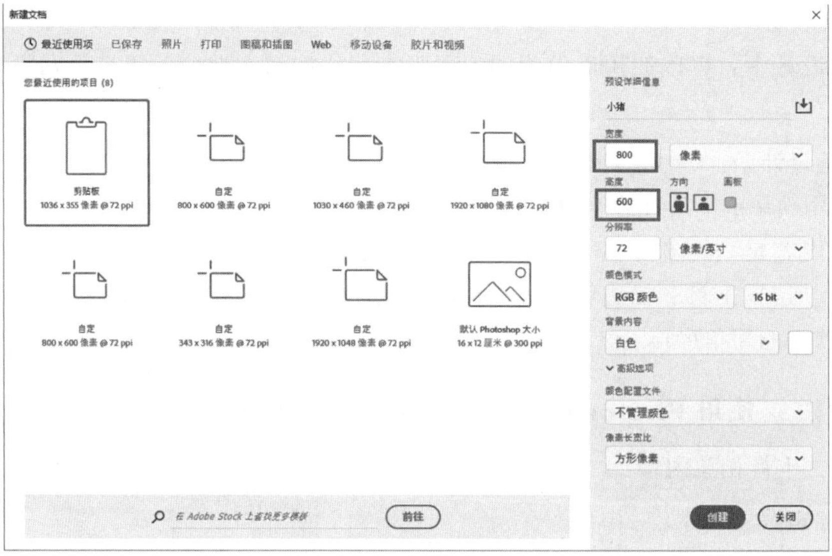

图 2-36　新建空白文件

（2）新建一个图层，选择椭圆选择工具，在舞台中间画一个椭圆，如图 2-37 所示。

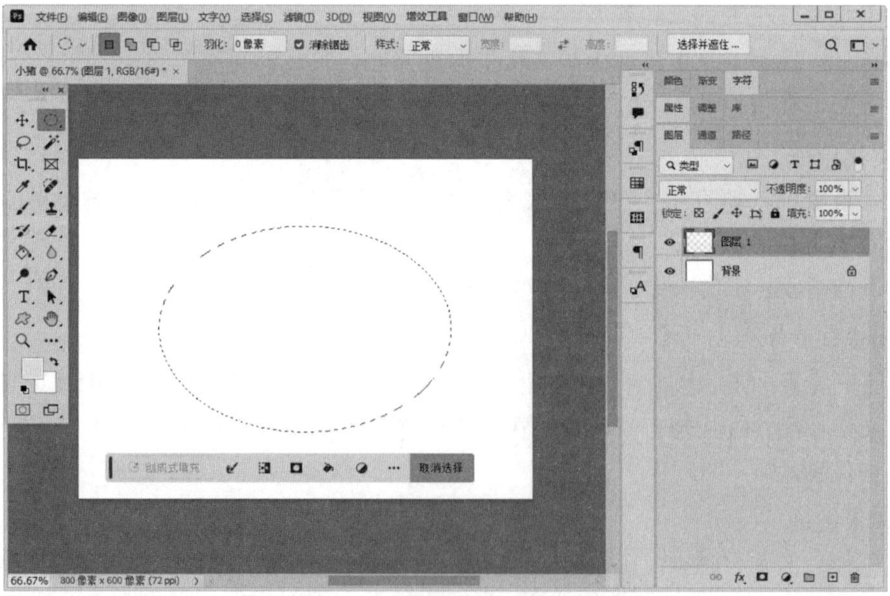

图 2-37　使用椭圆选择工具画椭圆形

（3）使用“编辑→描边”为小猪的身体描边，如图 2-38 所示，描边宽度为 2 像素，颜色为 #763e2c，位置居外。

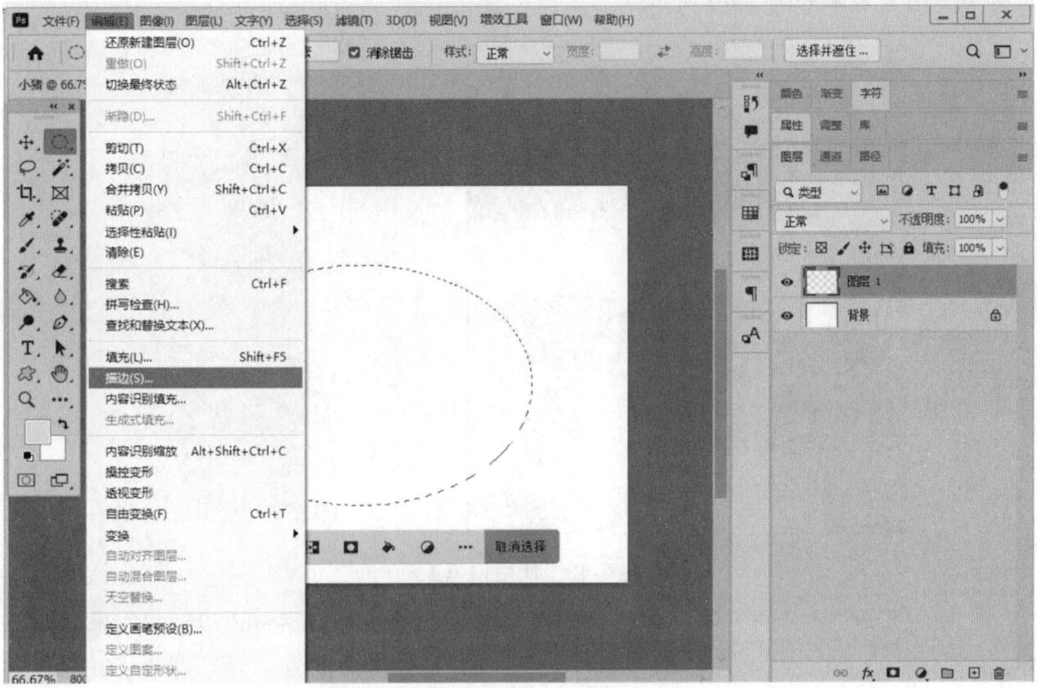

图 2-38　描边

（4）单击前景色图标，前将景色改为 #f3c0ab 颜色，选择工具栏的油漆桶工具，此时鼠标指针会变成油漆桶的形式，将鼠标指针移到椭圆选区中间，单击即可为小猪身体填充颜色，如图 2-39 所示。

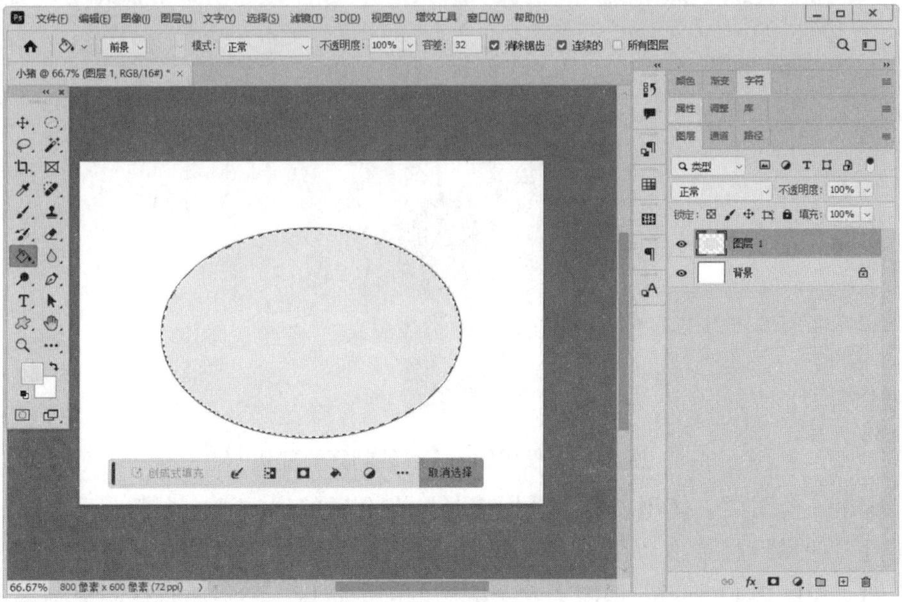

图 2-39　填充颜色

（5）用钢笔工具，勾画一只小猪的脚，使用转换工具调整小猪的脚，调整完成后按下【Ctrl+Enter】组合键，将脚的路径转换为选区，为选区描边并填充颜色。复制小猪的脚，并放到另一边，效果如图 2-40 所示。

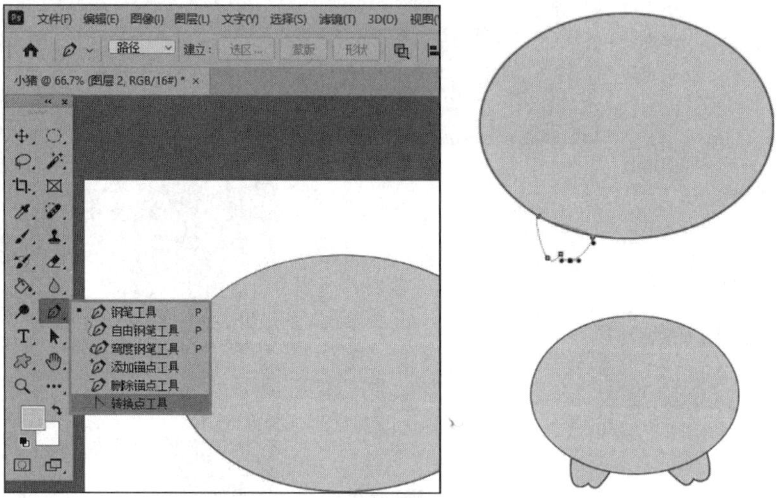

图 2-40　使用钢笔工具

（6）使用步骤（5）的方法，画小猪的两只耳朵，颜色填充为 #e07955，效果如图 2-41 所示。

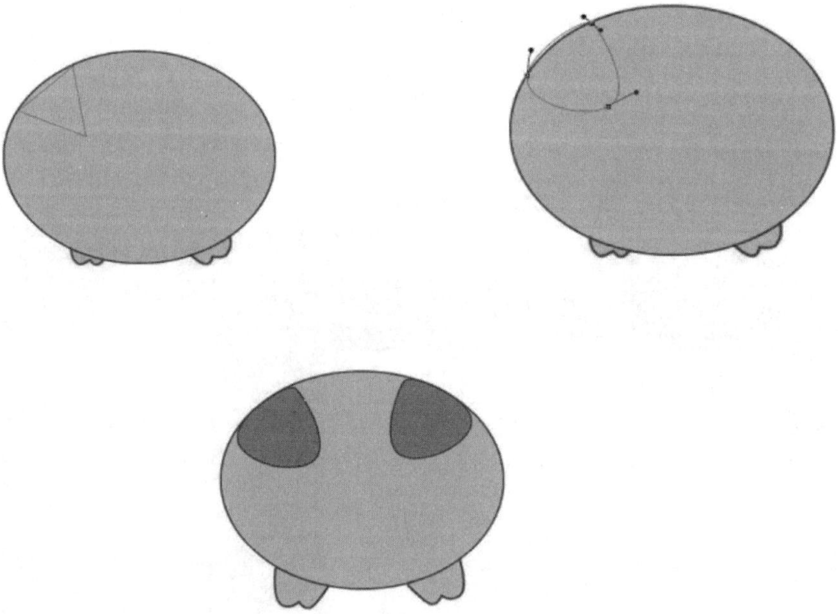

图 2-41　使用钢笔工具绘制猪的耳朵

（7）新建一个图层，使用“椭圆选框工具”在合适的地方画一个椭圆形，然后在“椭圆选框工具”的属性栏单击“在选区中减去”按钮，在刚才所画的椭圆选框上的合适位置再画一个圆，如图 2-42 所示，即减去这个刚画的圆的选区，然后将选区填充为黑色。接着复制眼睛，放到另一边。

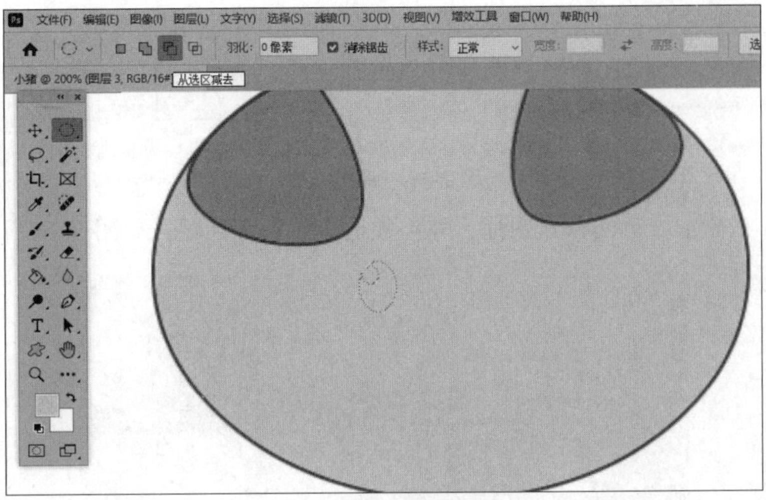

图 2-42　使用椭圆选框工具

（8）使用步骤（5）的方法画小猪的鼻子，颜色填充为 #e07955，并使用椭圆选框工具在鼻子上画两个合适的椭圆，并按【Delete】键删除这部分，效果如图 2-43 所示。

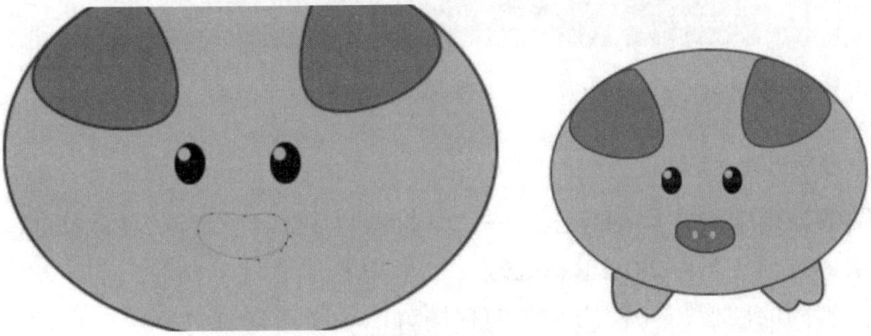

图 2-43　使用椭圆选框工具

（9）用椭圆选框工具，画一个椭圆，填充颜色 #e27a59，选择画笔工具，前景色改为白色，在椭圆中间画两道白线。复制椭圆并水平翻转放到另一边，效果如图 2-44 所示。

图 2-44　使用椭圆选框和画笔工具

（10）小猪绘制完成之后，保存图片，将小猪保存为两种格式：保存小猪原文件，保存为 .psd 格式；将小猪文件“存储为”.jpg 格式，保存后如图 2-45 所示。

图 2-45 保存格式

（11）为小猪添加合适的背景图片，并添加适合的文字标题，如图 2-46 所示。

图 2-46 为小猪添加背景图片

2.2.7 几种抠图方法

抠图是图像处理中最常用的操作之一，是将图片中的某个部分与背景分离，抠出来形成单独的图层，以便于后续的编辑和处理。可采用套索工具、选框工具、橡皮擦工具、魔法棒工具等。不同的图像需要使用不同的抠图方法，需要根据具体情况选择合适的工具和参数。同时，抠图时需要注意细节的处理，以确保抠出的部分与背景或其他图像的融合更加自然。这里主要介绍快速选择工具抠图和图层蒙版抠图两种方法。

1. 快速选择工具抠图

（1）使用 Photoshop 软件打开背景图片，如图 2-47 所示。

图 2-47 打开背景图片

（2）打开需要加入的相片，选中“魔棒工具”，在图片白色背景部分单击，便能选中白色背景部分；由于图片中人物衣服有偏白色像素，与背景相似，会被选中，因而在白色背景选中状态下，使用“多边形套索工具”，在该工具属性栏选择“从选区中减去”如图 2-48 所示，并选中要减去部分，便能精确选择白色背景，然后使用【Ctrl+Shift+I】组合键或者在菜单栏中选择“选择→反向”即可选中该人物，人物选中状态时，周边有一圈虚线。

图 2-48　选中人物

（3）将选中状态下的人物使用【Ctrl+C】组合键复制，打开背景图片所在舞台，使用【Ctrl+V】组合键将人物图片粘贴到背景图片上，这个时候可以发现，图片比例较大，使用【Ctrl+T】组合键调整人物至大小合适，并在工具属性栏上单击 ✓ 以确定修改，如若不想修改，则可单击 ⊘ 放弃修改，修改效果如图 2-49 所示。

图 2-49　复制人物并调整大小

（4）此刻，完成图片的制作，在图层面板可以发现此时有两个图层如图 2-50 所示，图层可以理解为图像中组成创意的元素载体，可以放置图像、文字、形状、调色等信息。当有多个图层时，用户可以通过图层来管理、编辑和合成图像。例如，可以隐藏、显示、锁定、移动、复制、删除和合并图层，还可以调整图层的顺序和透明度等属性。图层的显示是依次从上往下的。对某一个图层进行编辑，首先要选中该图层，对该图层图片进行编辑不会影响其他图层。因而图层可以帮助用户更好地管理和编辑图像，实现更加精细和灵活的设计效果。

图 2-50　图层窗口

（5）保存图片，得到相册图片 1.psd，也可以将其另存为相册图片 1.jpg，相册图片 1.psd 可方便以后对相册图片进行修改。图片保存效果图如图 2-51 所示。

图 2-51　图片保存格式

2．图层蒙版的应用

（1）使用 Photoshop 软件打开背景图片，如图 2-52 所示。

图 2-52　打开背景图片

（2）打开需要加入的人物图片，使用矩形工具选择人物图片，将人物图片复制粘贴到背景图片上，如图 2-53 所示，大家可以看到此时人物图片周围的有白色像素，可以看到此时有两个图层。

图 2-53　复制粘贴人物图片效果

（3）在“图层 2”选中状态下，对选中图层进行编辑，只编辑该图层的图片，不会修改其他图层的图片效果。

在确保“图层 2”在选中状态下时，单击图层面板底部的“添加图层蒙版”按钮，即可为该图层创建一个新的蒙版。蒙版会以白色显示，表示该图层当前完全可见，如图 2-54 所示。

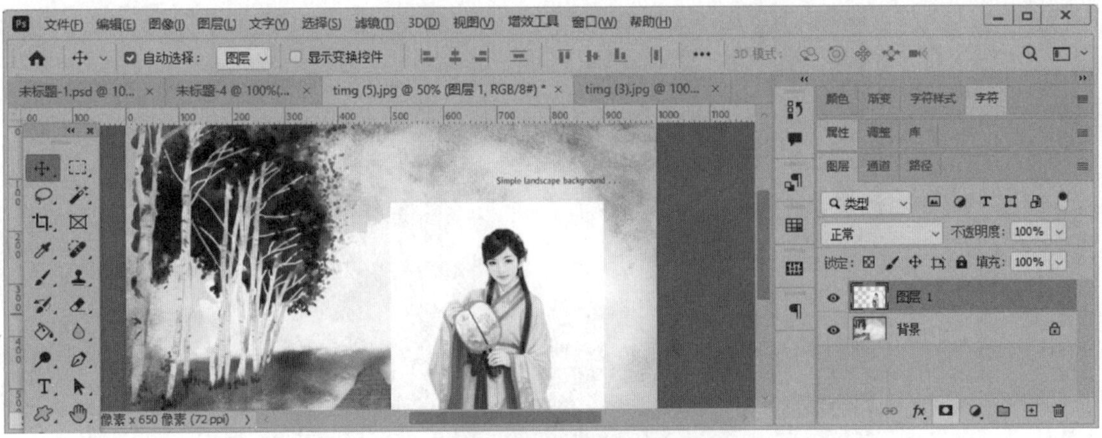

单击蒙版按钮前

单击蒙版按钮后

图 2-54　单击蒙版按钮前后图层显示对比

（4）创建蒙版后，可以选择画笔工具（【B】键），然后在选项栏中设置画笔的大小、硬度和颜色等属性。在蒙版上涂抹黑色可以隐藏图层中相应的部分，涂抹白色则可以显示图层中相应的部分。灰色则可以产生半透明效果。此时将人物图片白色背景部分使用[①]画笔工具涂抹黑色，如图 2-55 所示。如果需要更加精细地控制蒙版的边缘，可以使用“调整蒙版”工具（在图层面板中右击蒙版缩略图，在弹出的快捷菜单中选择“调整蒙版”）。在弹出的对话框中，可以使用半径、羽化和对比度等选项来调整蒙版的边缘效果。

图 2-55　使用画笔工具

（5）使用图层蒙版工具，同样可得到相同的图片效果，如图 2-56 所示。

图 2-56　使用图层蒙版工具所得效果图

（6）如果需要将某个图层的蒙版复制到另一个图层，可以按住【Alt】键并单击要复制的蒙版缩略图，然后将其拖动到目标图层上。如果需要从另一个图层复制蒙版，可以先将目标图层的蒙版删除，然后按住【Alt】键并单击源图层的蒙版缩略图，再将其拖动到目标图层上即可。

不需要对图像进行另外的操作时保存图片，得到相册图片 1.psd，也可以将其另存为相册图片 1.jpg。

2.2.8　试一试：十二生肖平面图制作

了解中国的十二生肖的起源和相关传说；探讨十二生肖所代表的品质；了解十二生肖在

民俗、艺术、文学等领域的应用。

通过十二生肖的故事思考十二生肖的道德品质，如诚信、勤劳、勇敢等，培养学生的道德观念。

使用所给十二生肖等素材图片，运用所学技术设计一张十二生肖的平面图。

2.3 音频素材收集与处理

在幼儿园课堂上，音频文件的使用非常广泛。例如，为了更好地让幼儿掌握普通话的要领，会在课堂上进行示范朗读，展示字词的发音标准规范；为了调动幼儿的听觉，使其积极主动地接受知识，幼儿园教师会安排富有情感且形象的故事讲解环节等；为了引起幼儿的学习兴趣，幼儿园教师会安排动物的叫声、大自然中的声音等现实中的音效。因而声音素材的使用非常有利于集中幼儿学习的注意力，陶冶幼儿的情操，激发幼儿的学学习潜力。

2.3.1 音频文件基础知识

制作多媒体课件，对音频的要求并不是非常高，只要掌握简单的音频录制、音频剪辑、属性调整、音频效果的增加、多个声音的混音合成等最基础的操作知识即可。

在多媒体计算机系统中，音频是以数字信号的方式存在的。数字信号的优势显而易见，然而它也有自身相应的缺点，如存储容量需求的增加及传输时信道容量要求的增加。研究发现，直接采用 PCM 码流进行存储和传输存在非常大的冗余度。事实上，在无损的条件下对声音至少可进行 4∶1 的压缩，即只用 25% 的数字量就可保留所有的信息。因此，为利用有限的资源，一般都会对音频文化进行压缩。音频文件的压缩又分有损压缩和无损压缩。我们常见的 MP3、WMA、OGG 等格式都是有损压缩格式，有损压缩指的是降低音频采样频率与比特率的压缩方式。有损压缩输出的音频文件会比原文件小。另一种音频压缩被称为无损压缩。无损压缩能够在 100% 保存原文件的所有数据的前提下，将音频文件的体积压缩得更小，而将压缩后的音频文件还原后，能够实现源文件同样的大小和同样的码率。无损压缩格式有 APE、FLAC、WavPack、LPAC、WMALossless、Apple Lossless、La、OptimFROG 等，而常见的、主流的无损压缩格式只有 APE 和 FLAC。

1. 非压缩文件格式

非压缩音频文件是未经压缩处理的原始音频数据，直接记录了声音信号的波形。非压缩音频文件保留了音频的全部信息，因此音质最好，但文件大小也相应较大。非压缩文件格式主要有以下几种：

（1）Wave 格式也称为 WAV 格式，是微软公司和 IBM 公司联合开发的一种标准数字音频文件格式。它是以 RIFF（Resource Interchange File Format，资源互换文件格式）为基础的，非常接近于 AIFF 和 IFF 格式，并符合 PIFF Resource Interchange File Format 规范。WAV 是一种非压缩格式，它直接存储原始音频信号，不进行任何压缩处理。因此，WAV 文件的音质非常高，与原始音频信号相比没有任何损失，且 WAV 文件的体积通常较大。WAV 格式被 Windows 平台及其应用程序广泛支持，是 PC 上最为流行的声音文件格式之一。此外，WAV 格式也支持多种音频位数、采样频率和声道数，具有很高的灵活性和兼容性。

（2）AIFF 格式和 AU 格式和 Wave 格式非常相像，是大多数音频编辑软件支持的音乐格式，支持多种音频位数、采样频率和声道，是另一种常见的非压缩音频格式。主要应用于 Macintosh 平台，在 PC 平台上并不流行。

2．压缩文件格式——有损压缩文件格式

有损压缩文件格式是一种在压缩过程中会损失部分原始数据信息的文件格式。这种压缩方式的主要目的是减少数据的大小以便于存储或传输，但会以牺牲一定的原始数据质量为代价。在音频、视频和图像等领域中，有损压缩被广泛使用。有损压缩文件格式主要有以下几种：

（1）MP3 格式（扩展名为 .mp3）指的是 MPEG 音频层。MP3 格式根据压缩质量和编码处理的不同分为三层，分别对应 *.MP1、*.MP2、*.MP3 这三种声音文件。MP3 音频编码具有 10∶1~12∶1 的高压缩率，同时基本保持低音频部分不失真，但是却牺牲了声音文件中 12 kHz~16 kHz 高音频部分的质量。MP3 是到目前为止使用用户最多的有损压缩数字音频格式之一，它的全称是 MPEG Audio Layer-3。

（2）WMA 格式（扩展名为 .wma）音质要强于 MP3 格式（只在 MP3 低于 192 kbit/s 码率的情况下有效。当 MP3 采用 LAME 算法压缩且比特率高于 192 kbit/s 时，普遍的反映是 MP3 的音质要好于 WMA），但压缩率比 MP3 更高。

（3）Ogg Vorbis（扩展名是 .ogg）音频压缩格式，类似于 MP3 等现有的音乐格式。但有一点不同的是，它是完全免费、开放和没有专利限制的。其设计格式可以不断地进行大小和音质的改良，而不影响原有的编码器或播放器。

3．压缩文件格式——无损压缩文件格式

音频无损压缩文件格式是一种在压缩过程中不会丢失原始音频信息的格式。与有损压缩格式不同，无损压缩格式能够在减小文件大小的同时，完全保留原始音频的完整性和质量。以下是一些常见的音频无损压缩文件格式：

（1）WAV（waveform audio file format）是一种非常常见的无损音频压缩格式。WAV 格式直接存储原始音频信号，不进行任何压缩处理，从而保证了音频的完整性和高质量。WAV 文件通常较大，因为其包含了未经压缩的音频数据。

（2）FLAC（free lossless audio codec）是一种广泛使用的无损音频压缩格式。它采用高效的压缩算法，能够在减小文件大小的同时保持音频的完整性。FLAC 格式得到了许多音频播放器和软件的支持，是无损音频领域的流行选择。

（3）APE（monkey's audio）是另一种流行的无损音频压缩格式。APE 使用独特的压缩算法，能够在减小文件大小的同时保留音频的原始质量。APE 格式在音乐爱好者和发烧友中颇受欢迎，因为它提供了与 WAV 格式相似的音质，但文件更小。

需要注意的是，无损压缩格式虽然不会损失音质，但相对于有损压缩格式，它们的文件通常更大。这是因为无损压缩格式需要存储完整的原始音频数据，而不对其进行任何有损处理。因此，在选择使用无损压缩格式时，需要权衡文件大小和质量之间的关系，并根据实际需求进行选择。

2.3.2　声音素材收集

收集幼儿园课堂中使用的声音素材，可通过使用手机或计算机的“录音机”录制音频，也可以网上下载声音素材，但从网上下载声音素材一定要使用获得版权许可的素材。

1. 使用“语音录音机”录制音频

“语音录音机”应用可用来录制话筒等语音设备中的声音，录音完成后，自动保存到计算机中，使用“录音机”的具体操作如下。

（1）在“开始”菜单中搜索“录音机”选项，启动“录音机”应用。

（2）在“录音机”窗口中，单击“录音”按钮即可开始录制声音。

（3）在录制的过程中，可在重要位置单击“标记”按钮，添加一个标记。

（4）若要暂停录音，可单击“暂停”按钮。若要停止录音，可单击“停止录音”按钮。

（5）结束录音后，可在打开的窗口中看到录制的声音，在其上右击，在弹出的快捷菜单中选择“重命名”命令。

（6）在打开的提示框的文本框中输入新的名称，然后单击“重命名”按钮。

（7）完成重命名设置后，单击“完成”按钮，在打开的列表中选择“更新原始文件”选项，即可覆盖保存到原来的位置。

2. 网上下载声音素材

在教育信息化、现代化时代，幼儿园多媒体课件设计中的声音素材更多的是来自网络共享资源，其获取方式与图片素材相似。在计算机中安装相关的音乐播放软件，如 QQ 音乐、酷狗音乐、百度音乐等，然后在其中搜索需要的声音素材，在打开的页面中单击“下载”按钮，即可将其下载到本地计算机中。需要注意的是，某些音频需要付费下载。

2.3.3　声音素材处理

声音素材的处理包括裁剪、更改音量、降低噪声、合成声音等操作，Windows 自带的录音机功能较少，此时，可使用专业的音频编辑软件来完成，如 Audacity 软件等。

Audacity 是一款开源、免费、功能强大的专业音频剪辑软件，支持多平台，例如 Linux、MacOS 和 Windows，同时也支持多种媒体格式，例如 MP4、MOV、WMA 等。Audacity 可以剪辑录制音频，还可以给音频消除人声、添加混音效果等。下面将以 Audacity 软件为例，详细介绍其使用方法。

做一做：家乡歌谣

预习内容：

1. 歌谣背景

（1）你的家乡是哪个地区的？

（2）这首歌谣是在什么时代背景下创作的？它反映了当时社会的哪些特点？

2. 歌谣内容

（1）这首歌谣讲述了什么故事或场景？你能从歌词中感受到哪些具体的画面？

（2）歌谣中使用了哪些典型的词汇、短语或比喻？这些元素是如何增添歌谣的地域特色的？

3．文化特色

（1）这首歌谣体现了哪些家乡的文化特色？比如方言、习俗、传统节日等。

（2）你认为这首歌谣对于传承家乡文化有何意义？它如何帮助你更好地了解自己的家乡？

4．情感共鸣

（1）当你听到这首歌谣时，你有何感受？它是否勾起了你对家乡的思念或回忆？

（2）你认为这首歌谣对于当地人民有何情感价值？它如何反映当地人民的生活和情感？

5．拓展思考

（1）你还知道哪些类似的家乡歌谣？它们与这首歌谣有何异同？

（2）如果你有机会创作一首关于自己家乡的歌谣，你会如何表达你对家乡的热爱和感激之情？

了解自己家乡歌谣的历史渊源和文化背景、音乐风格、旋律、节奏等方面的特点、分析家乡歌谣中所蕴含的文化元素、价值观和思想感情、思考家乡歌谣在社会发展中的作用和影响，选择一首喜欢的家乡歌谣，使用 Audacity 软件录入歌谣，对歌谣进行编辑，为歌谣添加合适的背景音乐。

6．具体操作

1）打开、新建和保存音频文件

录制音频是 Audacity 的常用功能之一。下面首先启动 Audacity 软件，打开计算机中的事先准备好的背景素材音频文件，然后录制一个家乡歌谣的音频文件，保存为“歌谣 1.wav”，其具体操作如下：

（1）安装 Audacity 后，选择“开始”→“Audacity”命令，启动 Audacity 软件。

（2）打开软件后，软件自动新建一个音频项目，界面如图 2-57 所示，检查好计算机的录音设备是否连接正确，单击“录音”按钮 ● 进行歌谣的录制，此时编辑显示窗口中将显示一些波形，表示正在录制。录制完成后点击“停止”按钮 ■ 结束录制，此时轨道上出现的波形图即为录制的歌谣，可单击“播放”按钮 ▷ 播放所录制的歌谣，检查录音效果是否理想。

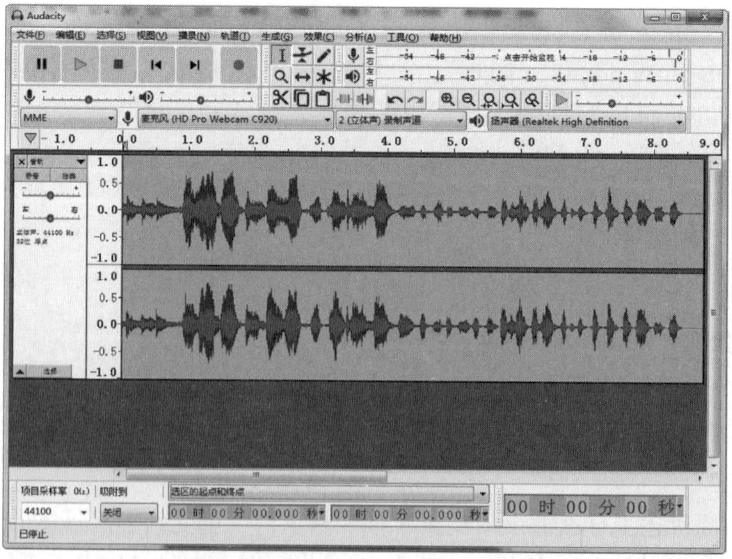

图 2-57　Audacity 工作界面

（3）选择“文件”→“导入”→“音频”命令，打开“选择一个或多个音频文件”对话框，选择计算机中合适的音频文件，单击“打开”按钮，如图 2-58 所示，此时 Audacity 软件将自动新增一条轨道，放置导入的音频文件，此时 Audacity 界面如图 2-59 所示。

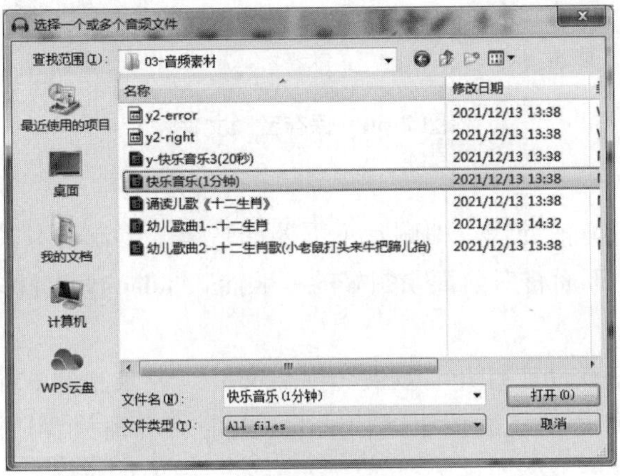

图 2-58 “选择一个或多个音频文件”对话框

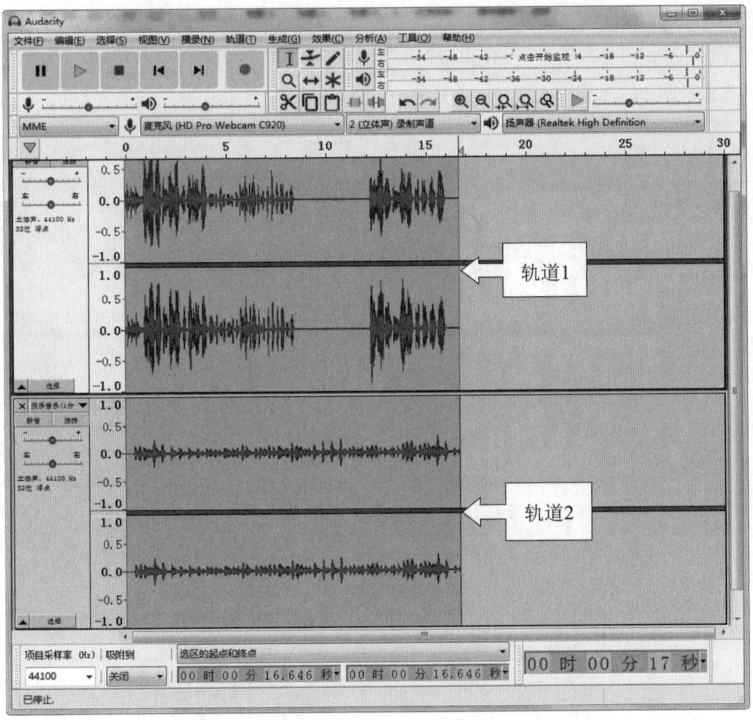

图 2-59 导入音频文件

（4）单击“播放”按钮▷播放所录制的歌谣与背景音乐结合的效果，检查一完毕后，可选择“文件”→“保存项目”命令，注意此时保存的文件为 Audacity 项目文件，不是音频文件，Audacity 项目文件为可编辑音频，不能直接播放；如果都编辑完成了，可选择“文件”→“导出”命令，这时可选择 MP3、WAV 或其他音频格式，此时导出的音频文件可直接在计算机上播放。保存后两种文件效果如图 5-60 所示。

图 2-60　保存音频文件

2）剪切音频文件

要对音频文件进行剪裁处理，即删除不需要的音频、复制音频片段等，还可提取已有音频文件的部分音频。下面将对前面录制好的“歌谣”Audacity 项目文件进行剪裁处理，其具体操作如下：

（1）打开 Audacity 软件，打开“歌谣”项目文件，在录制的歌谣轨道选择“独奏”如图 2-61 所示，单击菜单栏的播放按钮进行试听，此时将只播放我们之前录入的歌谣音频；试听时，可以单击工具栏中的选择工具 I ，在轨道 1 中按住鼠标左键拖动，选中想要剪辑的音频部分。

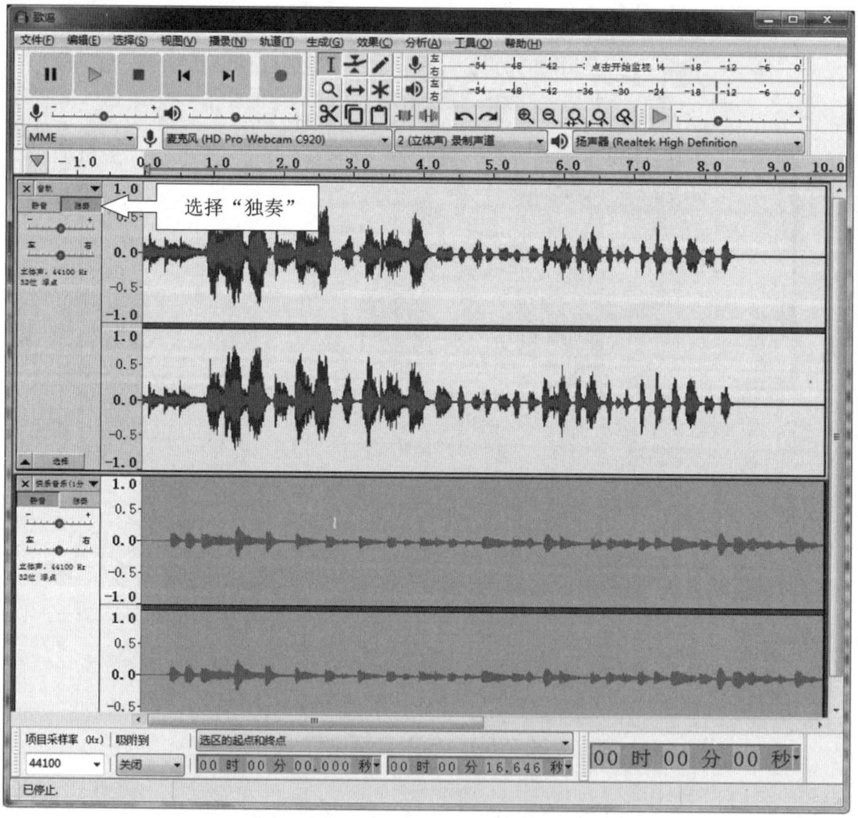

图 2-61　选择“独奏”

（2）单击工具栏中的“剪切”按钮，或者按键盘的【Delete】键删除不需要的部分音频，效果如图 2-62 所示。

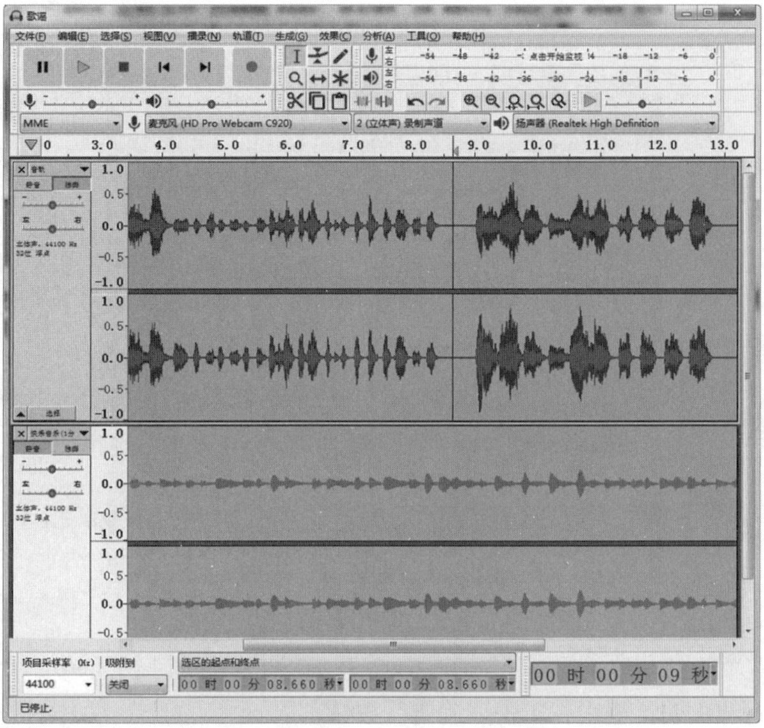

图 2-62　删除音频片段

（3）为所录“歌谣”音频降噪，用鼠标拖动的方法选中开头的那一段杂音，选择菜单中的“特效→降噪”命令，如图 2-63 所示。

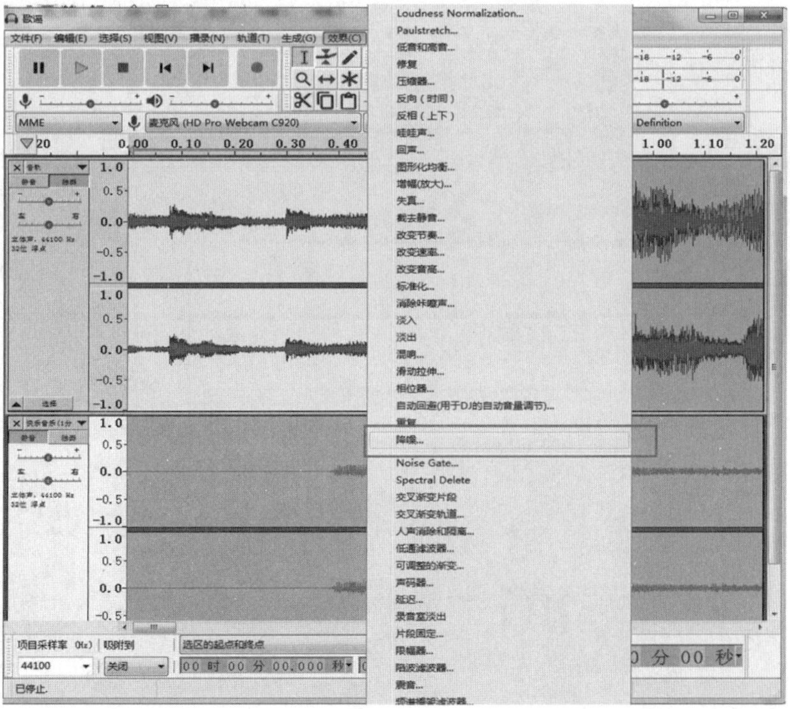

图 2-63　降噪

（4）在弹出的对话框中，单击“取得噪声特征”按钮，如图 2-64 所示。

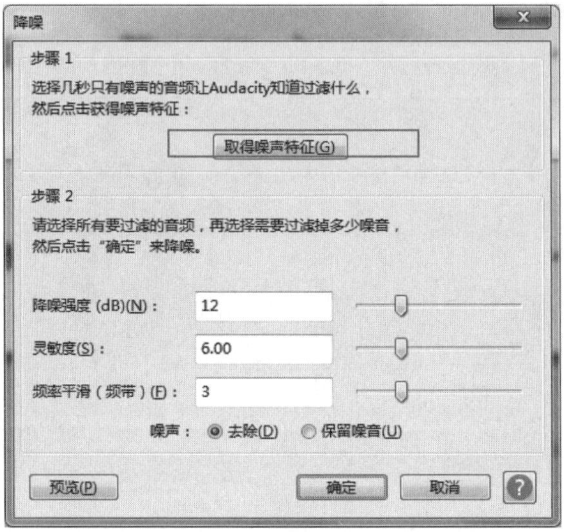

图 2-64　单击“取得噪声特征”按钮

（5）选择菜单中的“编辑”→“选择”→“全部”命令，再选择菜单中的“特效”→“降噪”命令，在弹出的对话框中，单击“确定”按钮。

（6）还可以把灵敏度调高一些，这样就可以把噪声消除了。

（7）选择所需要调整音量的音频部分，在相应轨道左边的轨道属性栏调高或高低音量即可，以下操作以调高音量为例，如图 2-65 所示。

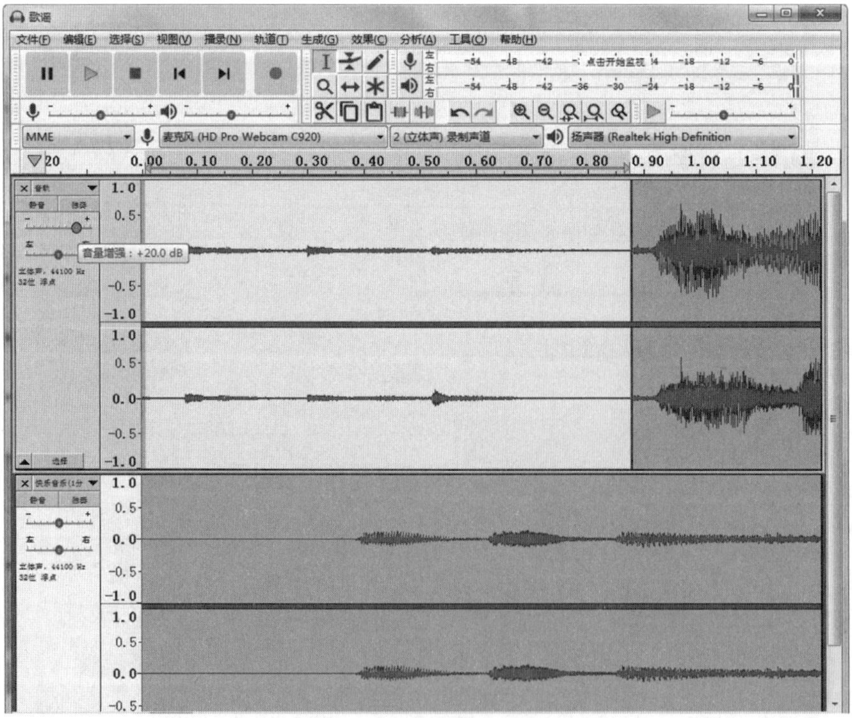

图 2-65　调整音频片段音量

（8）单击播放按钮 ▶ 试听所录制的歌谣与背景音乐的音量是否合适，背景音乐的音量要稍微小一点，不能喧宾夺主，要起到调节气氛、映衬情节、增强情感的渲染力。

（9）音频编辑完成后，保存该 Audacity 项目文件，以便以后对其进行编辑，同时，选择“文件”→“导出”命令，这时可选择导出为 MP3、WAV 或其他音频格式。完成后可直接在计算机中打开音频文件。

2.4 视频素材收集与处理

视频集声、光、画为一体，能给人直观的感受。在幼儿园多媒体教学设计中，幼儿园教师可将自然风光、人文景观等用视频的形式来表现，进行辅助教学，这种方式更加适合幼儿的身心特点，更易于激发幼儿的学习兴趣。

视频素材的收集与图片素材的收集方式相似，主要有自行拍摄收集和网络下载收集两种方式。

（1）自行拍摄收集。利用数码摄像机或手机直接拍摄数字影像，并保存为视频格式，不需要转换即可直接输入到计算机中。其特点是视频体积小、便于存储、使用方便。

（2）网络下载收集。网络中的视频资源格式繁多，因此在下载视频时，需要注意视频文件的格式。由于视频文件通常比较大，因此，可以借助专门的下载工具来完成，常用的下载工具有迅雷软件等。这些工具的操作方法相对简单，这里就不再赘述。同样，使用网络中的视频文件一定要获得版权许可。

视频素材的处理在第 6 章“微课视频制作”会详细讲解，这里不再说明。

2.5 动画素材收集与处理

动画素材是对幼儿最有感染力的素材之一，它能够利用多媒体动态地展示图形变换的过程或事物的形成，具有强烈的直观性。数字化发展到今天，幼儿从小就接触动画片，幼儿园的教学活动设计若能模仿动画中的人物，则能够有效拉近教学内容与幼儿的距离，并激发他们的兴趣。因此，在多媒体课件中添加动画素材能够加强教学效果、激发孩子们的学习兴趣。

2.5.1 动画素材收集

在制作幼儿园多媒体课件时，动画素材的选择和使用至关重要。优质的动画素材能够增强课件的视觉效果，使教学内容更加生动有趣。动画素材可以包括各种角色设计、场景布局、道具模型等，它们需要与课件的教学内容紧密结合，以展现出一个完整、连贯的故事情节。

可以通过以下一些常用的方法来收集动画素材：

（1）网络搜索：通过搜索引擎，可以搜索到大量的动画素材资源。这些资源可能来自于专业的素材网站、设计师的个人网站、社交媒体等。在搜索时，可以使用关键词来缩小搜索范围，如“幼儿园动画素材”“幼儿动画角色”等，但一定要使用具有版权保证的素材。

（2）专业网站：访问专门提供素材的网站，这些网站通常会根据动画的类型、风格和主题进行分类。可以在这些网站上浏览并下载需要的动画素材。

（3）自制素材：如果需要特定风格的动画素材，但无法找到合适的资源，可以考虑自己制作。使用专业的动画制作软件（如 Adobe After Effects、Toon Boom Harmony 等）或在线动画（如 MG 动画或万彩动画大师等）制作工具，根据需求制作所需的动画素材。

（4）使用开源素材：在一些开源平台上，可以找到大量的免费动画素材，这些素材可供自由使用和修改。但需要注意确保这些素材的使用符合开源协议和相关法律法规。

在收集动画素材时，要确保所收集的素材符合自己的使用需求，包括风格、尺寸、格式等；同时要注意素材的版权问题，避免侵犯他人的知识产权；对于商业用途的素材，一定要购买或获得相关授权。

2.5.2 动画素材制作

幼儿园多媒体课件设计与制作中的动画素材制作可以通过以下步骤进行：

（1）确定动画内容和目标：我们必须明确动画需要展示的内容是什么，希望能够达到什么目标。这有助于你构思和设计动画。

（2）选择或设计角色和元素：如果动画需要角色，我们可以自己设计或者从素材库中选择。确保这些角色和元素与课件内容相关，并有助于传达上课所需要的信息。

（3）选择动画软件：选择一个适合的动画制作软件，可以是专业的动画软件如 Adobe After Effects、Toon Boom 等，也可以是更为简单易用的动画制作工具如 Focusky 动画演示大师、万彩动画大师、MG 动画等。

（4）创建动画场景：在动画软件中，我们可以创建背景、添加角色和元素，并设置它们的位置和大小。确保场景设计简洁明了，并有助于突出主题。

（5）添加动画效果：为角色和元素添加动画效果。使用关键帧来定义角色和元素在不同时间点的位置和状态，从而创建出流畅的动画效果。同时，我们也可以添加一些特效，如淡入淡出、缩放、旋转等，以增强动画的视觉效果。

（6）添加音效和配乐：为动画添加音效和配乐。音效可以增强动画的真实感和沉浸感，而配乐则可以营造氛围和节奏。确保音效和配乐与动画的内容和风格相协调。

（7）预览和修改：在完成动画后，预览作品并检查是否有需要修改的地方。我们可以根据预览效果调整动画的速度、节奏和效果等。

（8）导出和保存：将制作完成的动画素材导出为适合在课件中使用的格式，如 MP4、AVI 等。确保导出的动画文件清晰、流畅，并能够在课件中正常播放。

（9）嵌入到课件中：将制作好的动画素材嵌入到课件中。可以使用 PPT 等课件制作软件将动画作为嵌入的视频文件添加到课件中，或者在课件中使用代码来调用动画文件。

需要注意的是，动画素材的制作需要一定的时间和耐心。同时，我们也需要不断学习和尝试新的技术和方法，以提高动画制作水平。

第 3 章

WPS演示型课件制作基础操作

演示课件是一种以计算机为媒介的教学工具，它利用文字、图像、动画、音频和视频等，将教学内容展示给幼儿。教师在制作课件时需要结合教学目标和内容，设计课件的整体结构，根据需要，搜集和整理相关的文本、图片、音频、视频等素材，确保课件的内容丰富、有趣，从而提高计算机辅助教学的效果。演示型课件的生动性、对照性特点可极大地提高幼儿对事物的认知，因此，制作生动的演示型课件是幼儿园教师需要掌握的技能。

教学目标

◎掌握多媒体课件制作基础知识。
◎了解应用 WPS 幻灯片的各类设计元素。
◎掌握母版与版式设置。

3.1 多媒体课件制作基础知识

多媒体课件的制作首要考虑的是视觉效果。视觉效果的影响因素主要有两个方面：第一是构图，第二是色彩搭配。这两个因素主要取决于设计者在该领域的核心知识的掌握程度及应用水平。因此，对于初学者来说，学习相关知识并积极用于实践是迅速提升视觉效果处理能力的有效路径。

3.1.1 构图

1．基本构图知识

构图是指创作者对自己想要表达的思想，在一定的空间范围内，以某种表达对象作为主题，以单一或多重形象为主体，对主体与部分、主题与衬托等要素的空间位置进行组织安排形成的要素之间特定的结构、形式。构图是造型艺术的形式结构，是全部造型因素与手段的总和。

在与视觉效果相关的不同艺术领域，构图的称谓会有差别。比如，在绘画领域，称其为“构图”；在书法领域，从单个字上可称其为“间架结构”，从作品安排上可称其为“布白章法”；摄影上则称其为“取景”；到了城市规划领域，称其为“布局”；在造型设计领域，则称其为“构成”等。

创作者把其想要表达的思想凝聚到作品上的各个构成要素上，这些要素则可称之为艺术形象，一个作品艺术形象的空间关系实际上就是构图，它包含了艺术形象的空间位置、对比关系、动静关系及艺术形象本身的形态与状态等。

2．艺术形象的处理方法

1）艺术形象的空间位置

艺术形象的空间位置包括艺术形象在空间中的大小、远近、高矮、虚实等。按照人的远近大小、近实远虚的视觉习惯，通过对艺术形象的大小、虚实安排，就能够产生构图空间的纵向深度。

2）艺术形象的对比关系

在艺术作品中，通过对比手法来表现两个或多个形象之间的差异和矛盾，从而突出主题和强化视觉效果。对比关系可以通过多种方式来表现，例如：大小对比、色彩对比、质地对比、方向对比、主次对比、动静对比等对比关系，通过合理运用这些对比手法，可以创造出更加生动、鲜明、深刻的艺术效果，增强作品的视觉冲击力和艺术感染力。

3．常见的构图方法

在摄影、绘画等直接与画面有关的艺术作品中，构图占有相当重要的地位。多媒体课件的每一个交互界面实际上都是一幅画面，画面的构图直接影响整个课件的效果。以下是几种常见的构图法：

（1）对角线构图：将画面分为两个对称的部分，将重点内容放在对角线上，可以增强画面的平衡感和稳定性。

（2）九宫格构图：将画面分为九个等分的方格，将重点内容放在交叉点上，可以使画面更加生动和有趣。

（3）垂直线构图：将画面中的线条按照垂直方向进行排列，可以增强画面的高度感和稳定性。

（4）S 形构图：将画面中的元素按照 S 形进行排列，可以增强画面的流动感和动态感。

（5）三角形构图：将画面中的元素按照三角形进行排列，可以增强画面的稳定感和立体感。

（6）对称构图：将画面分为左右两个对称的部分，将重点内容放在对称轴上，可以增强画面的平衡感和协调性。

（7）透视构图：利用线条的透视效果，营造出远近、大小、虚实等立体感，增强画面的空间感和深度感。

（8）留白构图：在画面中留出一定的空白区域，可以使重点内容更加突出，增强画面的简约感和层次感。

（9）拼贴构图：将不同的元素和图像拼贴在一起，可以创造出独特的视觉效果和艺术风格。

（10）重复构图：将相同的元素或图像重复排列在一起，可以增强画面的节奏感和统一感。

以上是课件制作基本构图知识的一些常见类型和特点，可以根据不同的教学内容和风格选择适合的构图方式，以制作出更加生动、有趣、易于理解的课件。

4．多媒体课件制作构图

多媒体课件制作构图是课件制作过程中非常重要的一环，它涉及如何合理安排课件中的元素，使得课件内容清晰、有条理，同时又能够吸引学生的注意力。以下是一些关于多媒体课件制作构图的建议：

（1）确定主题和目标：在开始制作课件之前，首先要明确课件的主题和目标，以及需要传达给幼儿的信息。这有助于确定课件的整体风格和布局。

（2）布局合理：课件的布局应该清晰、简洁，避免过于拥挤或空旷。一般来说，可以采用 F 形或 Z 形布局，这种布局方式符合人们的阅读习惯。

（3）色彩搭配：色彩是影响课件视觉效果的重要因素。在选择色彩时，要遵循“整体协调、局部对比”的原则，避免使用过于刺眼或过于暗淡的颜色。同时，要注意色彩的象征意义，例如红色通常代表热情、积极，蓝色代表冷静、理智等。

（4）字体选择：字体的大小、粗细、风格等都会影响课件的视觉效果。一般来说，标题应该使用大字体、粗体字，以突出重点；正文则应该使用小字体、常规字体，以方便阅读。

（5）图片和图表：图片和图表是课件中常用的元素，它们能够直观地展示信息，帮助幼儿更好地理解内容。在选择图片和图表时，要注意其清晰度、相关性以及是否符合主题和目标。

（6）动画和音效：动画和音效能够增加课件的趣味性和互动性，但过多的动画和音效也会分散幼儿的注意力。因此，在使用动画和音效时，要适度、有针对性。

（7）留白与呼吸感：在课件中留白与呼吸感是非常重要的。留白能够增加课件的层次感和空间感，使得内容更加清晰易读；呼吸感则能够让课件更加舒适、自然。

总之，多媒体课件制作构图需要综合考虑多个因素，包括主题、目标、布局、色彩、字体、图片、图表、动画音效以及留白与呼吸感等。只有将这些因素合理安排、运用得当，才能制作出优秀的多媒体课件。

3.1.2　色彩搭配

在幼儿多媒体课件制作中，合理的色彩搭配能够显著提高课件的视觉效果、表现力和感染力，使幼儿更加容易理解和记忆课程内容。同时，色彩搭配还可以吸引幼儿注意力、促进认知发展、营造良好学习环境、激发情感表达以及培养审美意识等。因此，在制作幼儿多媒体课件时，应该充分考虑色彩搭配的重要意义，并进行实际应用和调整。

在制作幼儿多媒体课件时，需要注意以下几点：

1．了解幼儿色彩感知特点

在为幼儿园孩子制作多媒体课件时，首先要了解幼儿色彩感知的特点。一般来说，幼儿对明亮、鲜艳、对比度高的颜色更为敏感，如红、黄、绿等颜色。因此，在课件中应尽量使用这些颜色进行搭配。

2．确定主题色和背景色

在色彩搭配中，主题色和背景色的选择非常重要。主题色应该醒目、突出，能够引起孩子的注意。而背景色则应选择与主题色对比度适中的颜色，以保证整个课件的清晰度和可读性。

3．利用色彩引导视觉流程

通过合理的色彩搭配，可以引导幼儿的视觉流程，使课件的页面布局更加有序和合理。例如，可以使用不同的颜色将内容区分为不同的部分，或者使用颜色渐变的方式来引导幼儿的视线。

4．注重色彩的情感表达

不同的颜色可以引发不同的情感反应。在为幼儿制作多媒体课件时，应注重色彩的情感表达，营造出温馨、活泼、有趣的学习氛围。例如，可以使用温暖的色调来营造温馨的氛围，或者使用明亮的色调来营造快乐、轻松的氛围。

5．简化色彩搭配

在为幼儿制作多媒体课件时，应尽量简化色彩搭配，避免使用过多的颜色和复杂的图案。过多的颜色和复杂的图案容易让幼儿感到混乱和难以集中注意力。因此，应尽量选择简单、明了的色彩搭配。

6．实际应用和调整

将所选的色彩搭配方案应用到实际的课件制作中，并根据实际效果进行调整。在实际应用中，可能会发现一些颜色搭配不够理想或者需要微调，这时就需要根据实际情况进行调整，以达到最佳的视觉效果。同时，也可以邀请幼儿园教师和幼儿参与评估和反馈，以了解课件的实际效果和改进方向。

总之，在为幼儿制作多媒体课件时，应充分考虑幼儿的色彩感知特点和心理特征，进行合理、简洁的色彩搭配。通过色彩搭配的优化，可以让幼儿更加集中注意力、增强学习兴趣和参与度，提升学习效果和体验。

3.2 WPS 软件简介

WPS（WPS Office）是北京金山办公软件股份有限公司自主研发的一款办公软件套装，可以实现办公软件最常用的文字、表格、演示、PDF 阅读等多种功能。它具有内存占用低、运行速度快、云功能多、强大插件平台支持、免费提供在线存储空间及文档模板的优点。WPS Office 支持桌面和移动办公，且 WPS 移动版通过 Google Play 平台，已覆盖超 50 多个国家和地区。此外，WPS Office 也支持阅读和输出 PDF（.pdf）文件、具有全面兼容微软 Office 格式（doc/docx/xls/xlsx/ppt/pptx 等）独特优势。覆盖 Windows、Linux、Android、iOS 等多个平台。WPS Office 与 MS Office 无显著差异，可以深度兼容 MS Office 格式的文档，同时可以保存为 PDF 格式，可以将文档通过第三方平台分享给好友。

WPS Office 包含 WPS 文字、WPS 表格、WPS 演示三大功能模块，与 MS Word、MS

Excel、MS PowerPoint 一一对应，应用 XML 数据交换技术，无障碍兼容 doc、xls、ppt、pdf 等文件格式，用户可以轻松将其他格式的文件转换为 PDF 格式，还可以将原 PDF 格式文件转换为其他格式的文件，或者对 PDF 文件进行编辑与修改。WPS 还具有“云”办公模式、三平台整合（Windows Android iOS）、强大的安全加密机制等功能。

WPS Office 支持桌面和移动办公，并且 WPS 个人版本完全免费。WPS 更符合中国用户习惯，由于是中国本土的软件，所以更多地照顾中国用户习惯和提供更多的支持；WPS 演示是一款在幼儿园教学中非常常见的多媒体课件制作软件，一个演示文稿由多张幻灯片组成，一张幻灯片由多个对象内容（如图片、文字、视频、音频、动画等）组成。幼儿园教师应掌握 WPS 演示的基本操作，才能制作出教学中所需要的 PPT 演示课件。

以下是使用 WPS Office 制作课件的一些优势：

（1）丰富的模板和素材：WPS Office 提供了大量的模板和素材，可以帮助用户快速制作出专业级别的课件。这些模板和素材涵盖了各种主题和风格，适用于不同的教学需求。

（2）强大的编辑功能：WPS Office 具备强大的编辑功能，支持对文本、图片、表格等内容进行详细的设置和调整。用户可以根据自己的需求对课件进行个性化的排版和设计，使其更加符合教学要求。

（3）便捷的动画和过渡效果：WPS Office 支持添加各种动画和过渡效果，使课件更加生动和吸引人。用户可以通过简单的设置，实现精美的动画效果，增强课件的视觉效果。

（4）云存储和协作功能：WPS Office 支持云存储功能，用户可以将课件保存在云端，方便随时随地访问和编辑。同时，WPS Office 还支持多人协作功能，允许多个用户同时编辑和修改课件，提高了团队协作的效率。

（5）兼容多种格式：WPS Office 可以兼容多种格式的文件，如 PPT、PDF、Word 等。这意味着用户可以轻松地导入和导出课件，方便与其他用户共享和交流。

（6）免费升级和客服支持：WPS Office 提供免费升级和客服支持服务，用户可以随时获得最新的功能和技术支持，确保课件制作的顺利进行。

使用 WPS Office 制作课件可以帮助用户快速高效地完成课件制作任务，提高教学质量和效果。

3.2.1　认识WPS演示操作界面

单击“开始”按钮，在打开的面板中选择“WPS Office”命令 WPS Office，启动 WPS Office 软件后即可看到其操作界面，如图 3-1 所示。下面对 WPS Office 操作界面中的主要组成部分进行介绍。

（1）标题栏。标题栏位于 WPS Office 操作界面的最顶端，包括演示文稿名称、“功能区显示选项”（可对功能选项卡和命令区进行显示和隐藏操作）和右侧的“窗口控制”按钮组（包含“最小化”按钮、“最大化”按钮和“关闭”按钮图）。

（2）快速访问工具栏。快速访问工具栏中显示了一些常用的工具按钮，默认按钮有“保存”按钮、“撤销键入”按钮、“重复键入”按钮和“输出为 PDF”按钮，“打印”及“打印预览”按钮。用户还可自定义按钮，只需单击该工具栏右侧的“自定义快速访问工具栏”按钮，在打开的下拉列表中选择“自定义命令”，并选择相应的选项即可。

图 3-1　WPS 操作界面

（3）“文件”菜单。该菜单中的内容主要用于执行与该组件相关演示文稿的新建、打开、保存、共享等基本命令，菜单最下方的“选项”命令可用于打开“选项”对话框，在其中可对演示文稿的组件进行视图、编辑、常规与保存、自定义功能区等多项设置。

（4）功能选项卡。单击任一选项卡可打开对应的功能区，单击其他选项卡可分别切换到相应的选项卡，每个选项卡中分别包含了相应的功能集合。在功能选项卡右侧有一个智能搜索框，它是 WPS Office 演示软件新增的一项功能，通过该搜索框用户可轻松找到相关的操作说明。例如，需在文档中插入目录时，便可以直接在搜索框中输入目录，此时会显示一些关于目录的信息，将鼠标指针定位至“目录”选项上，在打开的子列表中就可以快速选择自己想要插入目录的形式。另外，单击右侧的“分享”按钮，将打开“分享”任务窗格，在其中可直接将当前的演示文稿以文件的形式保存到网络中。

（5）功能区。在功能区中有许多自动适应窗口大小的工具组，不同的工具栏中又放置了与此相关的命令按钮或列表框。“文件”菜单用于执行演示文稿的新建、打开、保存和退出等基本操作；而在功能区中选择其他相应的命令，将显示对应的任务窗格。

（6）“显示功能区”按钮。在快速访问工具栏右端的“自定义快速访问工具栏”按钮 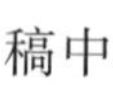，单击该按钮并在弹出的窗口中选择“显示功能区” 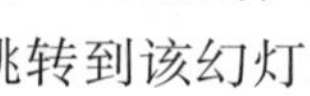

便可显示功能区，如若不想显示功能区，单击该处，便可隐藏功能区。

（7）“幻灯片”窗格。“幻灯片”窗格位于幻灯片编辑区的左侧，主要显示当前演示文稿中所有幻灯片的缩略图，单击某张幻灯片缩略图，可跳转到该幻灯片并在右侧的幻灯编辑区中显示该幻灯片的内容。

（8）幻灯片编辑区。幻灯片编辑区用于显示和编辑幻灯片，在“幻灯片”窗格中单某张幻灯片后，该幻灯片的内容将显示在幻灯片编辑区中。幻灯片编辑区是制作演示文稿的操作平台，在其中可输入文字、插入图片、设置动画效果等。单击“视图”选项卡，在“视图”→“显示”组中单击选中“标尺”复选框，可在幻灯片编辑区上方和左侧显示标尺，通过标尺可方便地查看和调整幻灯片中各对象的对齐情况。

（9）状态栏。状态栏位于操作界面的底端，用于显示当前幻灯片的页面信息，它主要由状态提示栏、“备注”按钮、“批注”按钮、视图切换按钮组、显示比例栏组成。其中，单击“备注”按钮和“批注”按钮，可以为幻灯片添加备注和批注内容，为演示者的演示作提醒说明；用鼠标拖动显示比例栏中的缩放比例滑块，可以调节幻灯片的显示比例。单击状态栏最右侧的“最佳显示比例”按钮，可以使幻灯片的显示比例自动适应当前窗口的大小。

做一做：设置 WPS 文档自动保存

我们在制作课件的过程中，为了减少因意外断电、程序崩溃等原因导致的数据丢失等的风险。通过在 WPS 中设置自动保存功能，可确保文档在意外关闭或发生其他问题时能够自动恢复，可以在一定程度上保证数据的安全性和完整性，同时在提高工作效率、协同办公、应对突发情况、节省空间以及避免版本冲突等方面都具有重要意义。

（1）打开 WPS 文档程序，进入程序主界面，在程序主界面中单击左上角的“文件”，在弹出的菜单中选择“选项”选项，如图 3-2 所示。

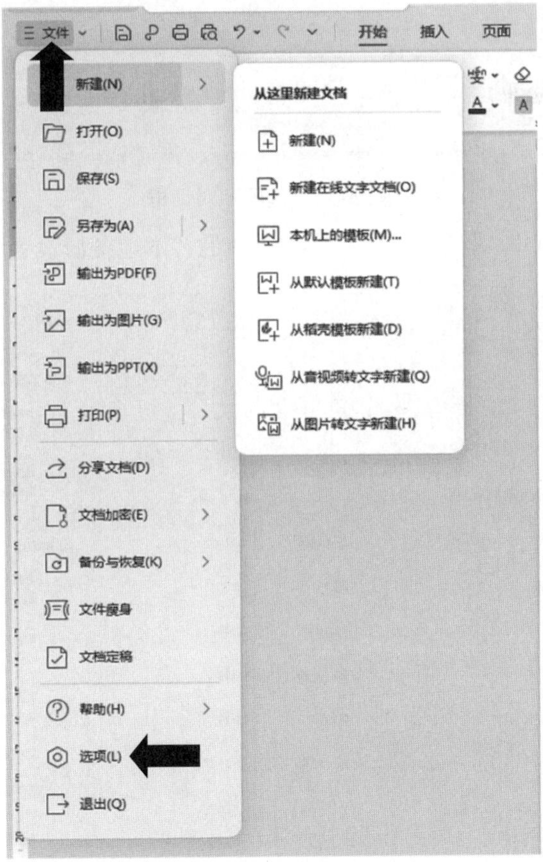

图 3-2　打开 WPS 软件

（2）在弹出的“选项”对话框单击左侧的“备份中心”按钮，如图 3-3 所示。

图 3-3 “选项”对话框

（3）进入“备份中心”对话框后，单击右上角的“本地备份设置”按钮，如图 3-4 所示。

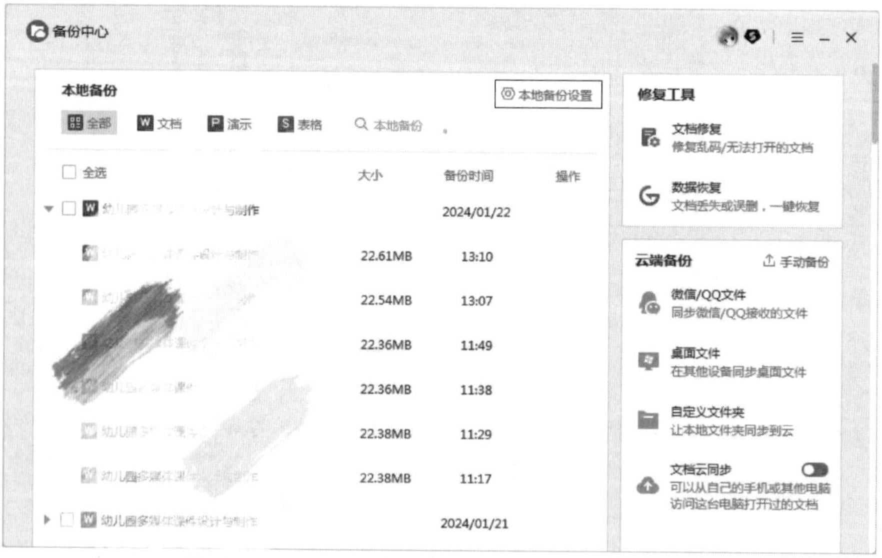

图 3-4 “备份中心”对话框

（4）在“本地备份设置”对话框中选择“定时备份”选项，然后选择自动定时备份的时间间隔，以及本地备份存放位置，完成自动保存的设置，如图 3-5 所示。

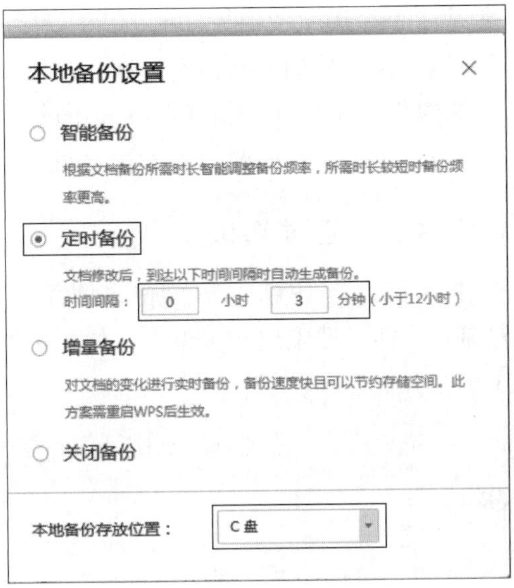

图 3-5　“本地备份设置”对话框

3.2.2　创建带模板的演示文稿

除了创建空白演示文稿外，用户还可以创建带模板的演示文稿。

带模板的演示文稿是指使用预先设计好的模板创建的演示文稿。这些模板通常包含预定义的文字格式、颜色、背景图案以及幻灯片的版式等元素，用户可根据模板快速创建演示文稿。使用模板可以大大提高制作演示文稿的效率，并确保演示文稿的风格和格式的一致性。创建带模板的演示文稿的意义主要体现在以下几个方面：

（1）提高效率：使用模板可以快速创建演示文稿，避免了从头开始制作的烦琐过程。模板已经预设了样式、布局和格式，用户只需根据模板填写内容，大大提高了制作效率。

（2）统一风格：模板通常具有统一的风格和设计，使用模板可以确保演示文稿的风格一致，提升整体的美观度和专业度。这有助于在商务场合、会议或教学展示中留下良好的印象。

（3）规范格式：模板通常规定了各种元素的格式和排版方式，如字体、字号、颜色、行间距等。使用模板可以确保演示文稿的格式规范、易于阅读和展示。这有助于提升文档的可读性和易用性。

（4）降低学习成本：对于初学者或不熟悉演示文稿制作的用户，使用模板可以降低学习成本。模板已经提供了现成的框架和样式，用户只需关注内容的编写，无须花费大量时间研究设计和排版。

（5）增强视觉效果：好的模板设计通常经过了精心的规划和设计，使用模板可以获得更好的视觉效果。模板中的颜色搭配、字体选择、布局设计等都经过了优化，能够吸引观众的注意力，增强演示文稿的展示效果。

（6）促进团队协作：在团队协作中，使用模板可以确保团队成员遵循统一的规范和标准。模板可以作为团队内部共享的资源，团队成员可以根据模板进行分工合作，提高工作效率和协同工作的质量。

（7）可重复使用：一旦创建了一个满意的模板，就可以在以后的项目或任务中重复使用。这样不仅可以节省时间，还可以确保文档的一致性和标准化。

WPS 演示内置了多个主题模板，用户在“新建”界面中就可以创建。创建一个模板演示文稿后，用户可以直接在模板上进行修改，能节省大量时间。

做一做：创建“垃圾分类”宣传模板

在“WPS Office”中单击“新建”按钮，再单击“演示”按钮，在搜索框中输入“垃圾分类”，按【Enter】键确认，即可搜索出相关模板，在搜索结果中选择合适的“垃圾分类”模板，操作步骤如图 3-6 所示。

图 3-6　创建带模板的演示文稿

3.2.3　设置演示文稿的视图

演示文稿的视图有多种模式，如普通视图、幻灯片浏览视图、备注页视图和阅读视图。这些视图模式各有特点，适用于不同的需求。演示文稿默认的视图模式为“普通视图”，用户可以将视图调整为“幻灯片浏览”视图或“阅读视图”，只需要在“视图”选项卡中设置即可，如图 3-7 所示。

图 3-7　视图选项卡

（1）“普通视图”是默认的视图模式，由大纲栏、幻灯片栏和备注栏组成。在这个模式下，可以方便地组织和编辑演示文稿的各个部分，同时还可以添加和编辑幻灯片的备注信息。在普通视图下，将鼠标指针移至编辑区上方，滚动鼠标滚轮即可对幻灯片的内容进行查看。

（2）“幻灯片浏览”视图以最小化的形式显示演示文稿中的所有幻灯片，可以方便地对演示文稿中的幻灯片进行查看或重新排列。在这个模式下，还可以进行幻灯片顺序的调整、幻灯片动画设计、幻灯片放映设置和幻灯片切换设置等操作。用户只需要在“视图”选项卡中单击“幻灯片浏览”按钮，即可进入幻灯片浏览视图，效果如图 3-8 所示。

图 3-8　幻灯片浏览视图

（3）“阅读视图”用于审阅和查看演示文稿。每次只能显示一张幻灯片上的内容，方便用户逐张查看和编辑。同时，还可以使用窗口右侧的垂直滚动条进入下一张幻灯片，或者直接单击垂直滚动条下方的“前一张”和“下一张”按钮来前后翻阅同一篇演示文稿中的幻灯片。在“阅读视图”下用户可以查看幻灯片中的动画和切换效果，而无须切换到全屏幻灯片放映。用户只需要在“视图”选项卡中单击“阅读视图”按钮，即可进入阅读视图，效果如图 3-9 所示。

图 3-9　幻灯片阅读视图

（4）“备注页”视图可以检查幻灯片和备注页一起打印时的外观。在这个模式下，可以为幻灯片添加注释或提醒授课教师发言的要点和提纲，以确保在讲课中保持逻辑连贯性和信息准确性，并可单击备注页输入备注内容，应用效果如图 3-10 所示。

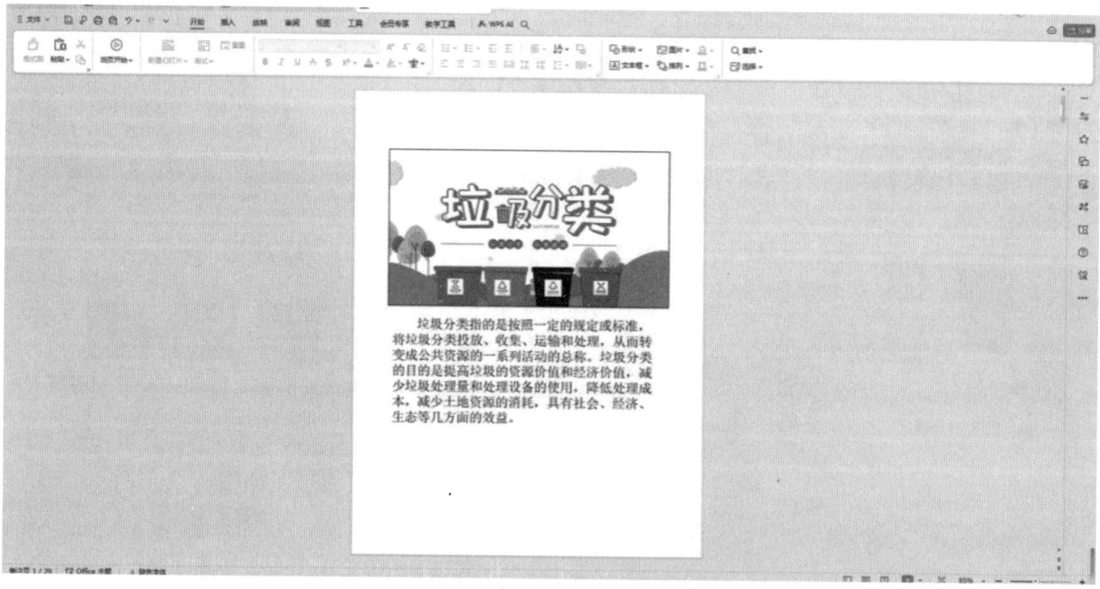

图 3-10　幻灯片备注页视图

3.2.4　幻灯片基本操作

1．快速创建幻灯片

创建幻灯片的方法有很多，常用的方法有以下三种：

方法一：通过“新建幻灯片”命令创建。在“开始”选项卡中单击“新建幻灯片”下拉按钮，从打开的列表中选择一种合适的版式即可，如图 3-11 所示。

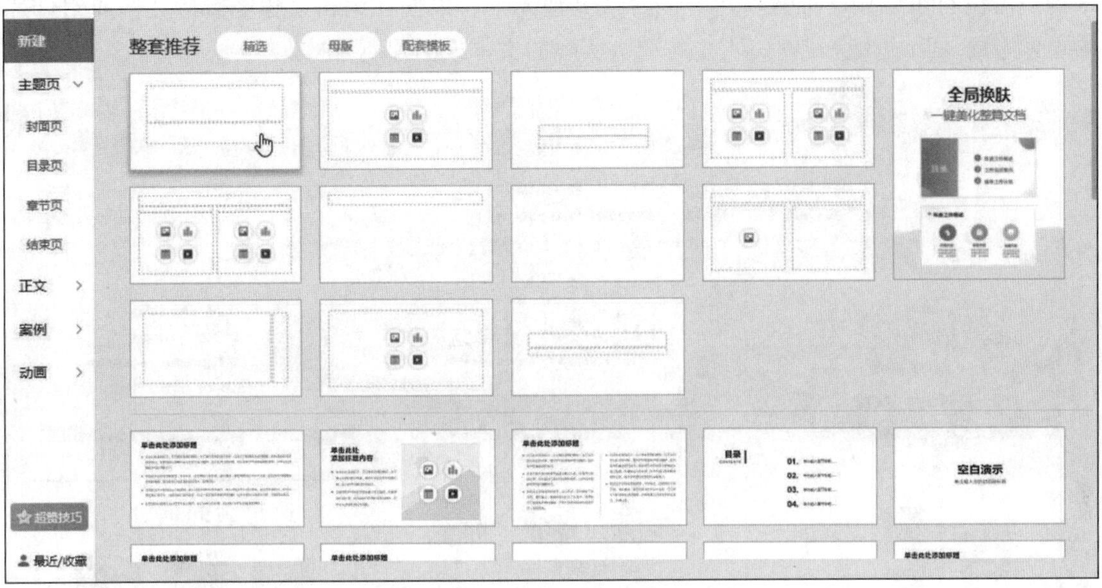

图 3-11　新建幻灯片

方法二：通过快捷菜单创建。选择幻灯片，右击，从弹出的快捷菜单中选择“新建幻灯片”命令，如图 3-12 所示。

图 3-12　快捷菜单“新建幻灯片”

方法三：通过快捷键创建。选择幻灯片，按【Enter】键，即可快速创建一张幻灯片。

2．调整幻灯片的顺序

如果需要对幻灯片的前后顺序进行调整，则可以将幻灯片进行移动。选择幻灯片后，按住鼠标左键不放，将其拖至需要移动到的位置后释放鼠标左键即可。此外，用户也可以在幻灯片浏览视图下移动幻灯片。调整幻灯片顺序如图 3-13 所示。

3．使用占位符在幻灯片中输入文本

新建的幻灯片，一般带有占位符。WPS 中的占位符是一种特殊的文本格式，用于在文档中占住一个固定的位置。它通常用于文档排版和幻灯片制作中，以规划文档或幻灯片的结构。占位符可以用于插入文本、图片或其他元素，以便在编辑过程中保持文档或幻灯片的整体布局。当编辑完成时，占位符会被实际的文本或图片所替换。

图 3-13　调整幻灯片顺序

WPS 中的占位符有两种主要类型：文本占位符和图片占位符。文本占位符用于插入文本内容，而图片占位符则用于插入图片。需要注意的是，占位符只是一种布局工具，不会在最终的文档或幻灯片中显示为实际的文本或图片。因此，在编辑过程中需要随时关注占位符的位置和大小是否符合整体布局的要求。

用户可以在文本占位符中直接输入文本，只需要将光标插入占位符中，输入相关文本即可，如图 3-14 所示。

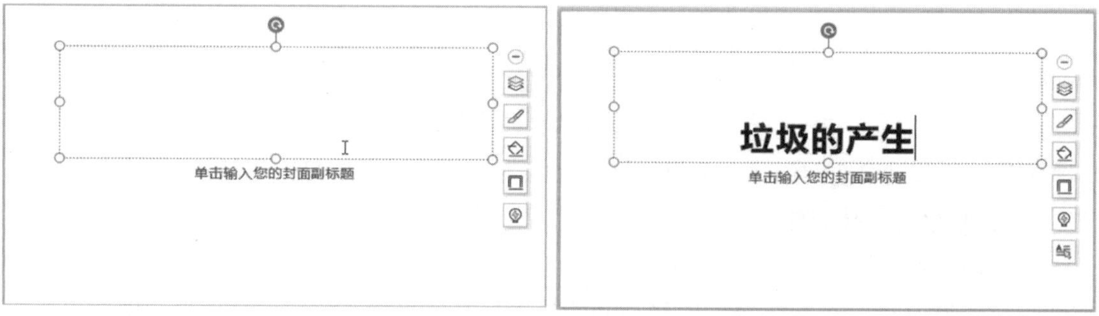

图 3-14　使用占位符在幻灯片中输入文

4. 绘制文本框在幻灯片中输入文本

用户也可以在幻灯片中绘制文本框，在文本框中输入文本内容。只需要在“插入”选项卡中单击“文本框”下拉按钮，从列表中选择“横向文本框”或“竖向文本框”，然后在幻灯片中绘制文本框，最后输入内容即可，如图 3-15 所示。

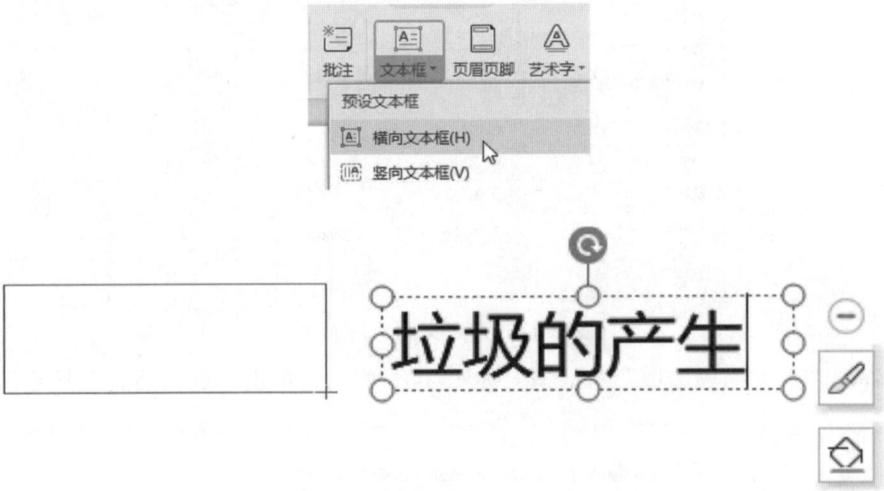

图 3-15　绘制文本框在幻灯片中输入文本

5. 设置幻灯片页面大小

通常，幻灯片默认大小为“宽屏（16∶9）”，如果用户想要将幻灯片页面设置为其他尺寸，可以在“页面设置”对话框中自定义幻灯片大小。

打开“设计”选项卡，单击“幻灯片大小”下拉按钮，选择“自定义大小”选项，弹出“页面设置”对话框。其中，单击“幻灯片大小”下拉按钮，可选择幻灯片内置尺寸，例如 A3、A4、横幅等；在“宽度”和“高度”数值框中，用户可以自定义幻灯片大小；在“方向”区域中可以设置幻灯片“纵向”或“横向”显示，页面设置参数如图 3-16 所示。

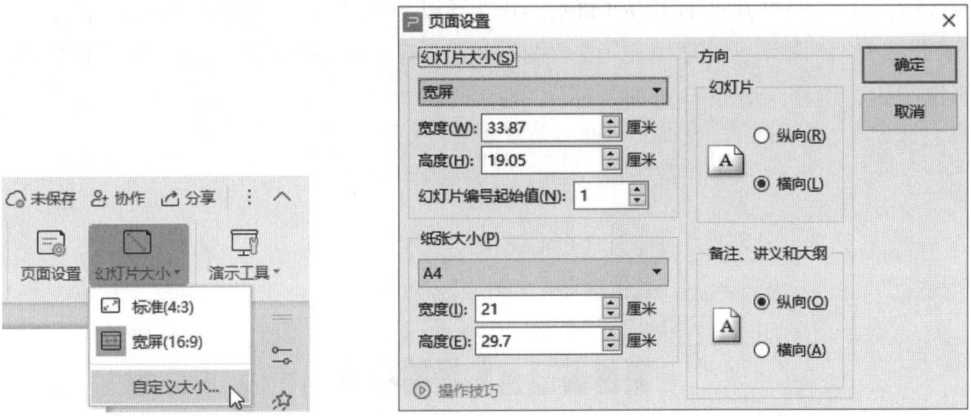

图 3-16　设置幻灯片页面大小

6. 自定义幻灯片大小

如果需要在手机上放映幻灯片，则需要将幻灯片尺寸设置为与手机屏幕相同大小。

（1）在“页面设置”对话框中设置参数，如图 3-17 所示。

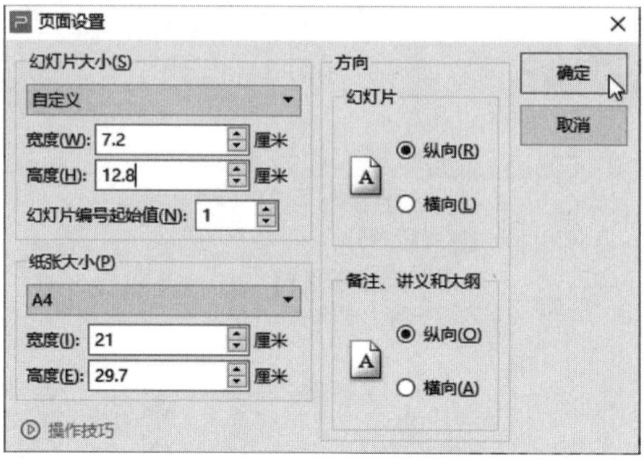

图 3-17　自定义幻灯片大小

（2）弹出“页面缩放选项”对话框，如图 3-18 所示，单击“确保适合”按钮即可。

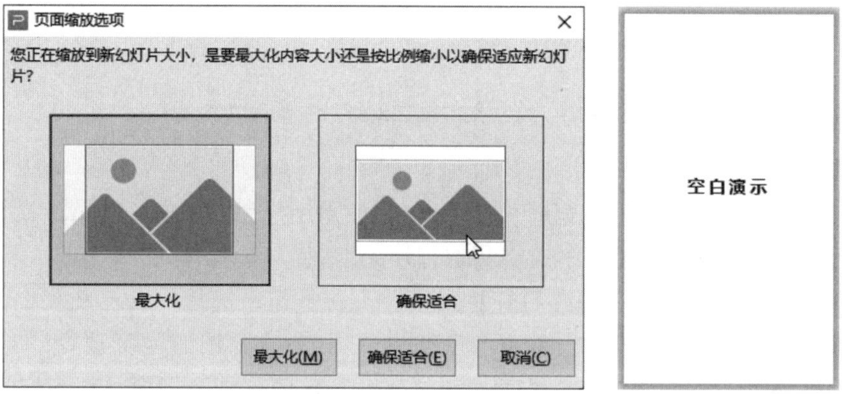

图 3-18　设置“页面缩放选项”

7．设置幻灯片背景

默认情况下，幻灯片的背景为白色，用户可以根据需要为幻灯片的背景设置“纯色填充”、“渐变填充”、“图片或纹理填充”或“图案填充”等。只需要在“设计”选项卡中单击“背景”下拉按钮，选择“背景”选项，如图 3-19 所示。

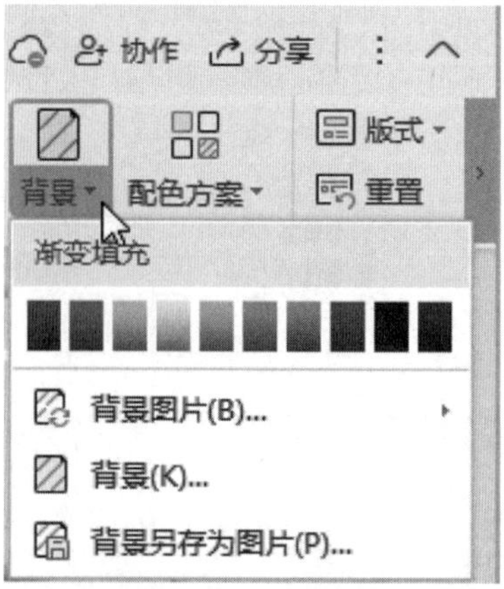

图 3-19　设置幻灯片背景

3.3 应用 WPS 幻灯片的各类设计元素

WPS 幻灯片的设计元素丰富多样，能够增强幻灯片的视觉效果，提高观众的参与度和理解度。以下是一些常见的 WPS 幻灯片设计元素：

（1）文字：用于传递主要信息，要求对文字进行提炼，务必使文字精确、清晰、简洁、明了，WPS 文字的排版应该美观、易读，字体、字号、行距等应该根据内容需要选择，使得文本内容更加易于阅读和理解。

（2）图片：WPS 图片应该与文本内容相关，并能够辅助说明文本内容，且可以增强视觉效果，包括背景图片、图标等，图片应该清晰、高质量，避免模糊、失真或低分辨率的图片，应该注意图片的排版和布局，使其与文本内容相匹配。

（3）形状：如箭头、图表等，用于说明、解释数据或流程。WPS 形状的大小应该根据需要调整，以适应文本内容和其他元素的需要。

（4）音效和背景音乐：用于增强幻灯片的氛围和感染力。

（5）幻灯片母版：用于统一幻灯片的风格和格式，提高效率。

（6）超链接和动作设置：用于实现幻灯片之间的跳转或触发特定动作。

这些设计元素可以根据需要进行组合和调整，以制作出符合要求的幻灯片。在使用 WPS 进行幻灯片设计时，应根据具体内容和使用场景选择合适的设计元素进行搭配，以达到最佳的效果。

请注意，具体功能可能会因 WPS 版本的不同而有所差异，请以实际情况为准。

3.3.1 文本元素的应用

幻灯片文本元素是演示文稿中的重要组成部分，主要包括标题、正文和备注等。这些文本元素在幻灯片中扮演着不同的角色，帮助传达信息和内容，下面简单介绍几个应用：

（1）标题：标题是幻灯片的简要概述或核心观点，通常出现在幻灯片的顶部。好的标题可以迅速吸引观众的注意力，并为整个幻灯片奠定基调。

（2）正文：正文是幻灯片的主要内容，通常包含详细的信息和解释。正文应该简洁明了，避免冗长的句子和段落，以便观众快速理解要点。

（3）备注：备注是为演讲者提供的信息或提示，通常出现在幻灯片的底部。备注可以帮助演讲者记住关键点或提供额外的背景信息，但不应直接展示给观众。

除了以上三种基本的文本元素，还可以在幻灯片中添加其他文本元素，如列表、表格、图表和图像等。这些元素可以增强幻灯片的视觉效果，并提供更丰富和多样的信息。

在设计和使用幻灯片文本元素时，需要注意以下几点：

（1）简洁明了：尽量使用简练的语言和清晰的表达方式，避免过多的文字和复杂的句子结构，用简单直接的词语和短句表达意思，在可能的情况下，使用插图或动画来解释文本内容，这有助于吸引幼儿的注意力。

（2）突出重点：使用粗体、斜体、下画线等方式突出关键信息，使幼儿更容易关注到重点内容。

（3）层次分明：合理安排文本元素的层次和布局，确保信息呈现清晰有序，方便幼儿理解。

（4）字体和颜色选择：确保字体足够大，以便幼儿能够轻松阅读。

（5）使用明亮和对比度高的颜色，吸引幼儿的注意力。

（6）适应幼儿的学习需求：尝试将信息以故事的形式呈现，这样更容易吸引幼儿的兴趣；可以添加一些简单的互动元素，如选择题或填空题，让幼儿参与其中。

（7）重复信息：对于重要的信息，可以重复提及，帮助幼儿加深记忆。

综上所述，幻灯片文本元素是演示文稿的重要组成部分，合理使用和设计这些元素可以提高演示效果和幼儿的参与度。

用户在文本框中输入文本后，可以在“文本工具”选项卡中对文本进行编辑和变化，使用文本更吸引幼儿注意力。

做一做：设计“垃圾分类”封面标题

用户在文本框输入文本后，可以对文本进行编辑，通过设置文本的填充和轮廓来设计封面标题。下面将介绍具体的操作方法：

（1）打开“插入”选项卡，单击“文本框”下拉按钮，插入文本框，输入内容，并在“文本工具”选项卡下对文字的大小（120 PX）、字体（汉仪铸字美心体简）进行设置，效果如图 3-20 所示。

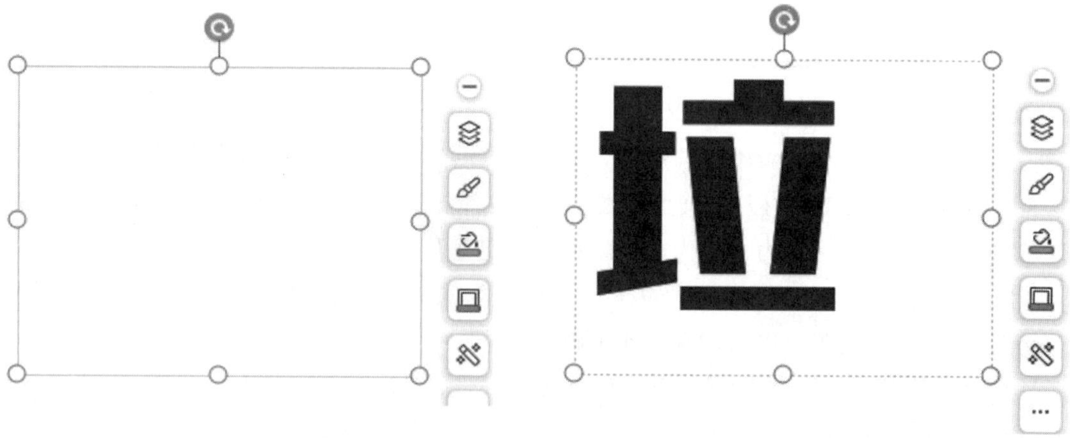

图 3-20　插入“文本框”输入文本并设置

（2）选中“垃”字，确保文本框在选中状态（如图 3-21 左图所示），在右侧对象属性窗口选择“文本选项”，单击“文本填充”下拉按钮，选择颜色，设置文本轮廓，如图 3-21 右图所示。

（3）复制粘贴文本并调整文本位置，设置文本颜色、位于底层等属性，如图 3-22 所示。

（4）完成以上设置之后再次调整新文本至合适的位置，最终效果图 3-23 所示。

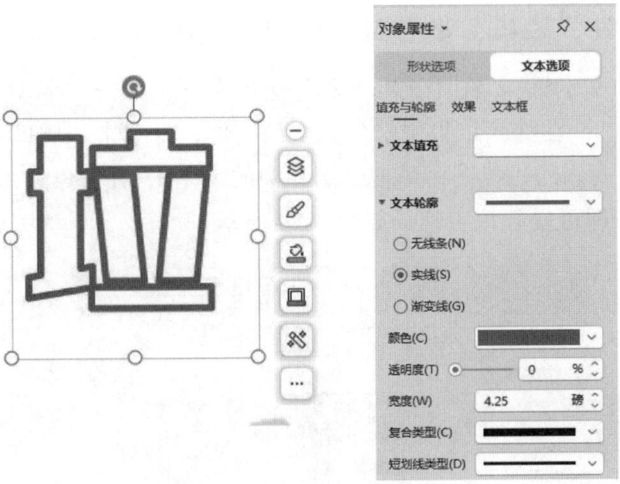

图 3-21　设置文本属性

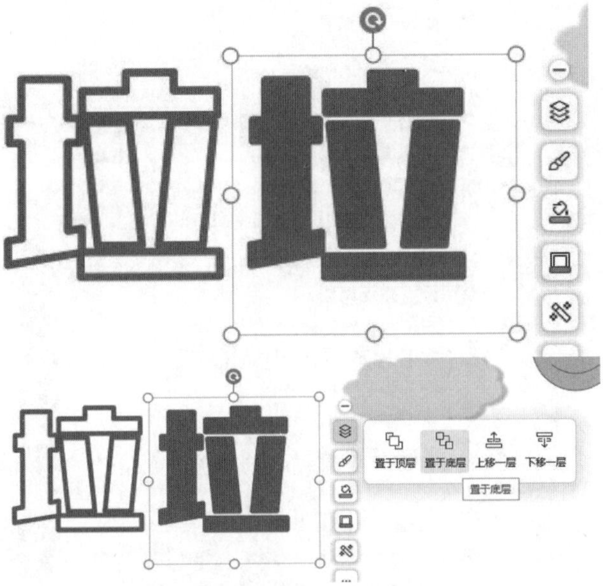

图 3-22　设置文本属性

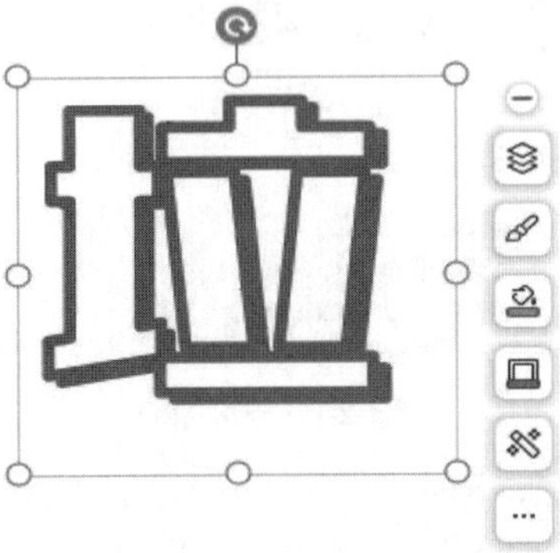

图 3-23　最终效果

做一做：设计“垃圾分类”封面标题（使用 WPS 下载新字体）

（1）插入“横向文本框”，在“文本工具”选项卡下，单击“字体”下拉按钮，在搜索栏中输入“汉仪铸字”，在搜索结果中选择适合的字体，并单击“立即使用”即可安装该字体；或者点击搜索栏右侧的相机图标（搜索图片中的字体），在搜索结果中选择适合的字体，并单击“立即使用”即可安装该字体，如图 3-24 所示。

图 3-24　安装字体

（2）在文本框输入“垃”字，选中该字，并选择字体为“汉仪铸字美心体简”，大小为 120 PX，复制该字，调整位置，设置该字属性填充为“白色”，线形为“2.25 磅”，颜色为绿色，层数为“置于顶层”，属性设置及最终效果如图 3-25 所示。

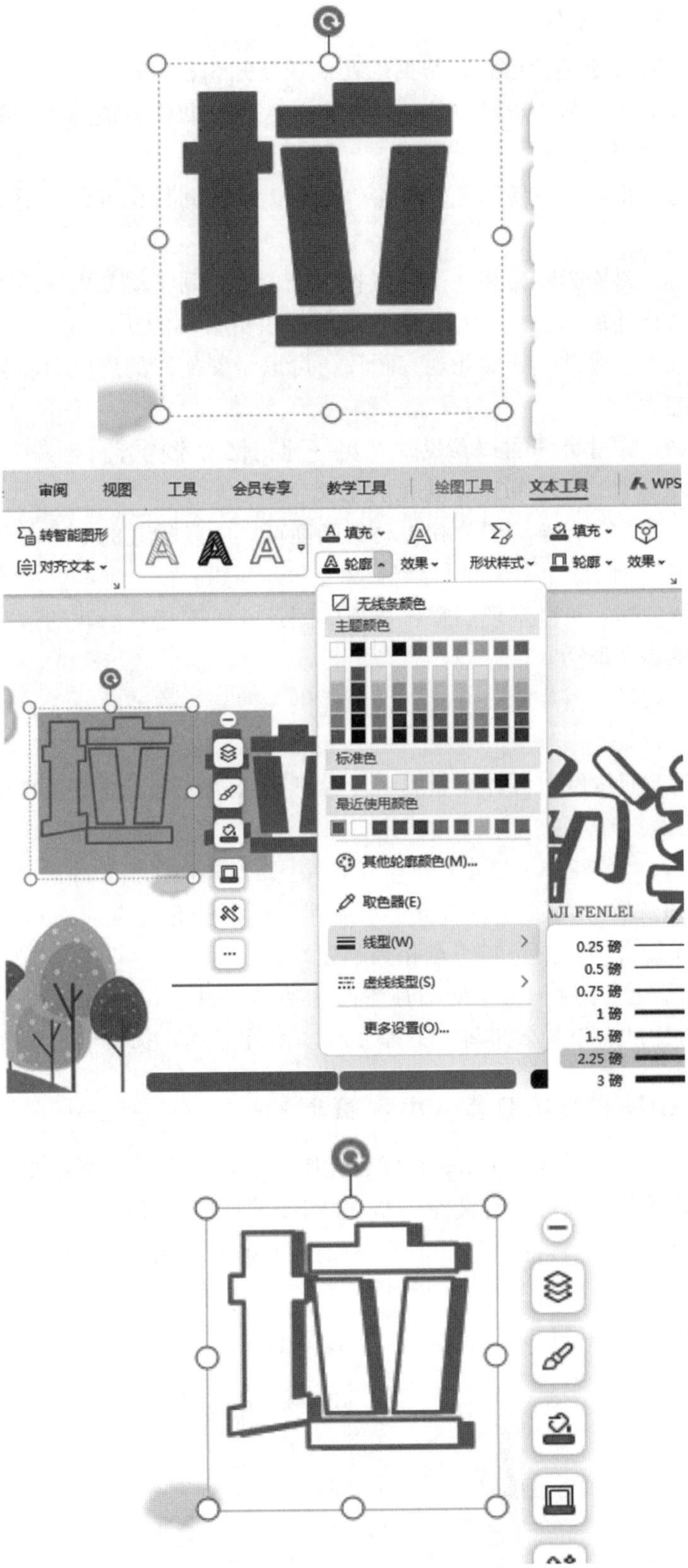

图 3-25　属性设置及最终效果

3.3.2 图片元素的应用

图片可以非常直观地传达信息，帮助幼儿认识新知识；同时图片可以增加设计的视觉效果，吸引幼儿的注意力；图片也可以传达情感，如快乐、悲伤、愤怒等。图片元素在幼儿园多媒体课件中具有以下意义：

（1）增强视觉效果：通过使用色彩鲜艳、形象生动的图片，可以吸引幼儿的注意力，激发他们的学习兴趣。

（2）促进理解：图片能够直观地呈现事物和概念，有助于幼儿更好地理解课程内容。对于一些难以用语言描述的概念或物品，图片能够提供更直观的认识。

（3）激发想象力：通过引导幼儿观察图片，可以激发他们的想象力和创造力，培养他们的观察力和思维能力。

（4）增强记忆：图片元素可以帮助幼儿更好地记忆所学内容。与文字或口头讲述相比，图片更具有视觉冲击力，更容易留在幼儿的记忆中。

（5）提高学习兴趣：有趣的图片和生动的画面可以激发幼儿的好奇心和探索欲望，使他们更愿意参与学习活动。

（6）促进情感发展：通过呈现温馨、友爱的图片，可以培养幼儿的情感发展，增强他们的社交能力和情感表达能力。

（7）辅助教师教学：图片元素可以为教师提供一种有效的辅助教学工具，使教学更加生动有趣，提高教学效果。

（8）拓宽视野：通过展示各种类型的图片，可以帮助幼儿了解更多的知识和文化，拓宽他们的视野。

综上所述，图片元素在幼儿园多媒体课件中具有重要的意义，它可以增强教学效果、促进幼儿的学习和发展。在设计幼儿园多媒体课件时，应充分考虑图片的选择、设计和呈现方式，使其更加符合幼儿的认知特点和兴趣爱好。

在幻灯片中插入图片后，为了使图片看起来更加美观，可以对图片进行裁剪、调整大小、调整亮度 / 对比度、设置效果等。只需要在“图片工具”选项卡中设置即可。

做一做：设计“垃圾分类”内容图片

设计图片时，可以使用 Photoshop 软件删除图片的背景，只保留需要的图片区域，如果是背景比较单一的图片，也可以直接使用 WPS 图片工具抠除背景。

（1）利用 WPS 图片工具抠除背景。单击选择需要抠图的图片，在“图片工具”选项卡中单击“抠除背景”下拉按钮，从列表中选择“智能抠除背景”选项，具体操作如图 3-26 所示。（注：WPS 软件版本不同，“智能抠图”的按钮会有所不同，不影响操作。）

图 3-26 选择“智能抠除背景”

（2）打开“智能抠除”窗口，单击需要抠除的图片区域，如图 3-27 所示。

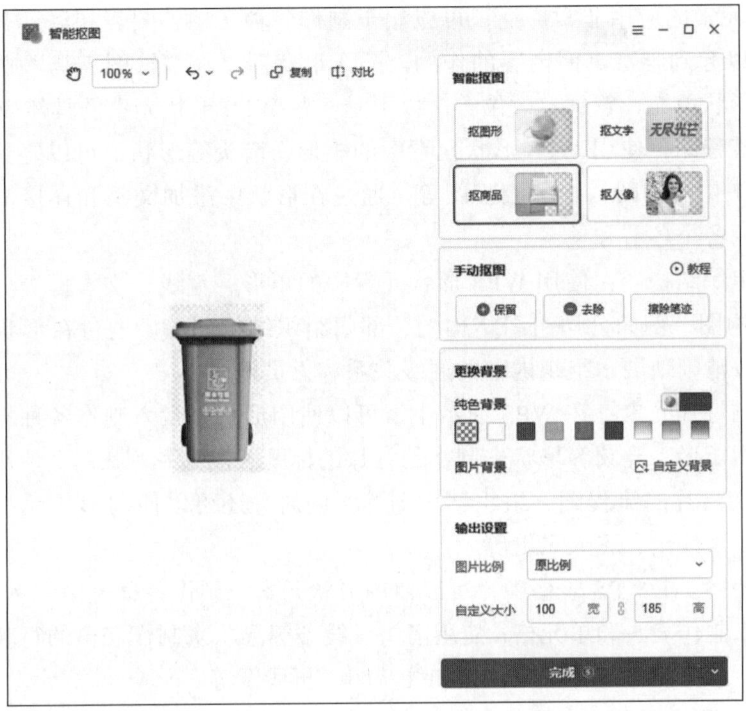

图 3-27　“智能抠除”窗口

（3）“抠除背景”前后效果图对比如图 3-28 所示。

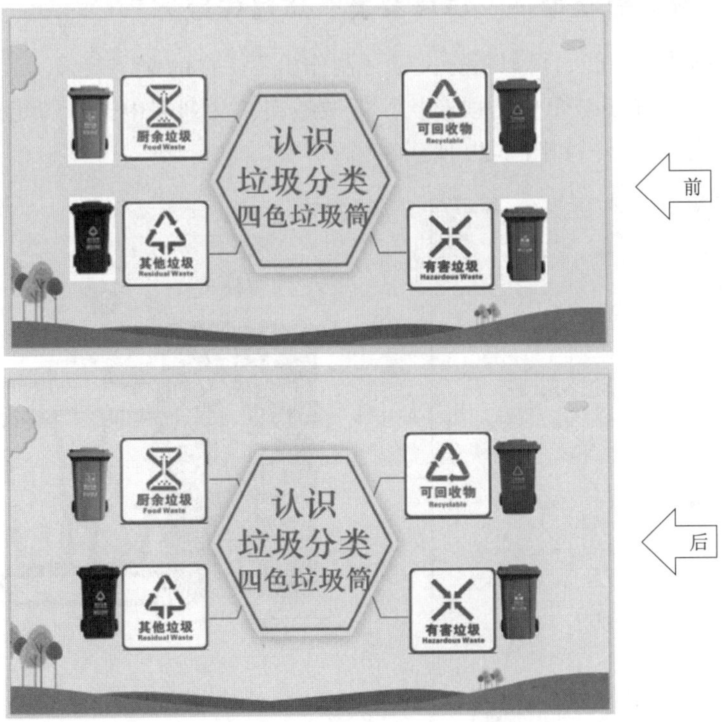

图 3-28　“抠除背景”前后效果图

3.3.3 形状元素的应用

WPS形状元素的应用非常广泛，可以用于制作各种文档、图表和演示文稿。在幻灯片中使用形状可以起到丰富页面内容的作用。插入形状后，在“绘图工具”选项卡中可以编辑形状和设置形状填充、轮廓、效果等。以下是一些WPS形状元素的具体应用：

（1）制作流程图：使用WPS形状元素中的矩形、箭头等形状，可以轻松地制作出各种流程图，例如工作流程图、业务流程图等。通过在形状中添加文字和连接箭头，可以清晰地展示流程中的各个环节和关系。

（2）制作组织结构图：使用WPS形状元素中的矩形、直线、文本框等形状，可以制作出各种组织结构图，例如公司组织结构图、部门组织结构图等。通过在形状中添加文字和调整位置，可以清晰地展示组织内部的层级关系和人员构成。

（3）制作幻灯片元素：在WPS演示中，可以使用形状元素来制作各种幻灯片图表和背景。例如，使用矩形、椭圆等形状来制作幻灯片的标题、段落和列表等；使用箭头、文本框等形状来制作幻灯片的流程图、组织结构图等。同时，还可以使用形状元素来制作各种动画效果，例如淡入淡出、飞入飞出等。

（4）制作表格：在WPS表格中，可以使用形状元素来制作各种表格。例如，使用矩形、文本框等形状来制作表头和单元格；使用箭头、线条等形状来制作表格的行和列。同时，还可以使用形状元素来制作各种图表，例如柱状图、折线图等。

总之，WPS形状元素的应用非常广泛，可以用于制作各种文档、图表和演示文稿。通过灵活运用不同的形状元素，可以让文档更加美观、清晰、易读和易于理解。

做一做：利用形状设计“垃圾分类”结尾标题

使用“合并形状”功能，可以拆分文字，制作出不一样的文字效果。

（1）在“插入”选项卡中单击“形状”下拉按钮，从列表中选择“矩形”选项，在文字合适位置绘制一个矩形，如图3-29所示。

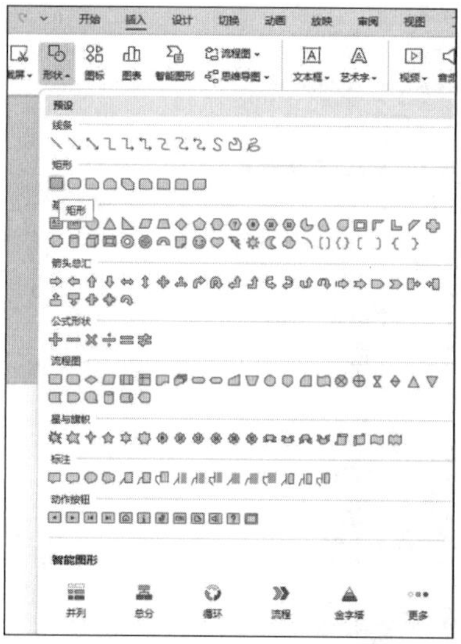

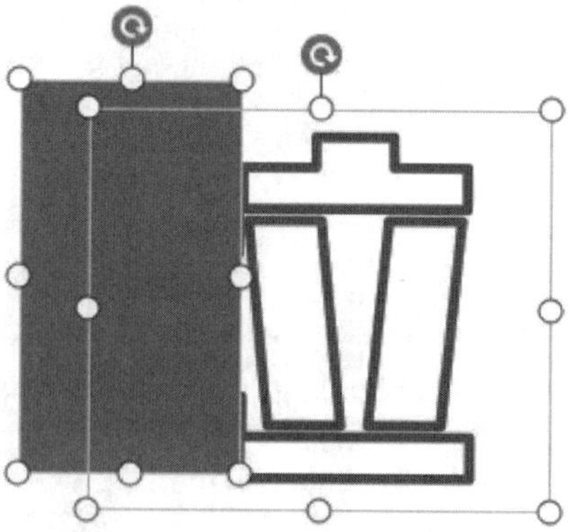

图3-29 绘制矩形

（2）从“合并形状”下拉列表中选择“拆分”选项，完成上述操作后，即可将文字拆分，效果如图 3-30 所示。

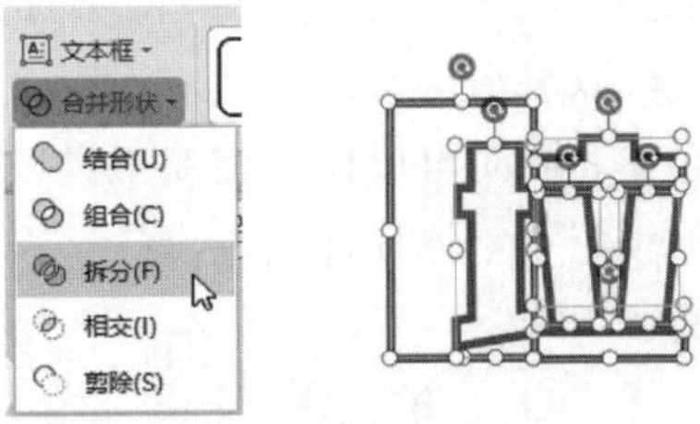

图 3-30　拆分文字

（3）选中“垃”字左边的提土旁，按【Delete】键删除，在“插入”选项卡中选择“图标”，弹出“图库”窗口，在搜索栏中输入“垃圾桶”，在搜索结果中选择适合的图标，单击“立即使用”按钮即可插入“垃圾桶”图标，调整该图标的大小、轮廓颜色、位置，效果如图 3-31 所示。

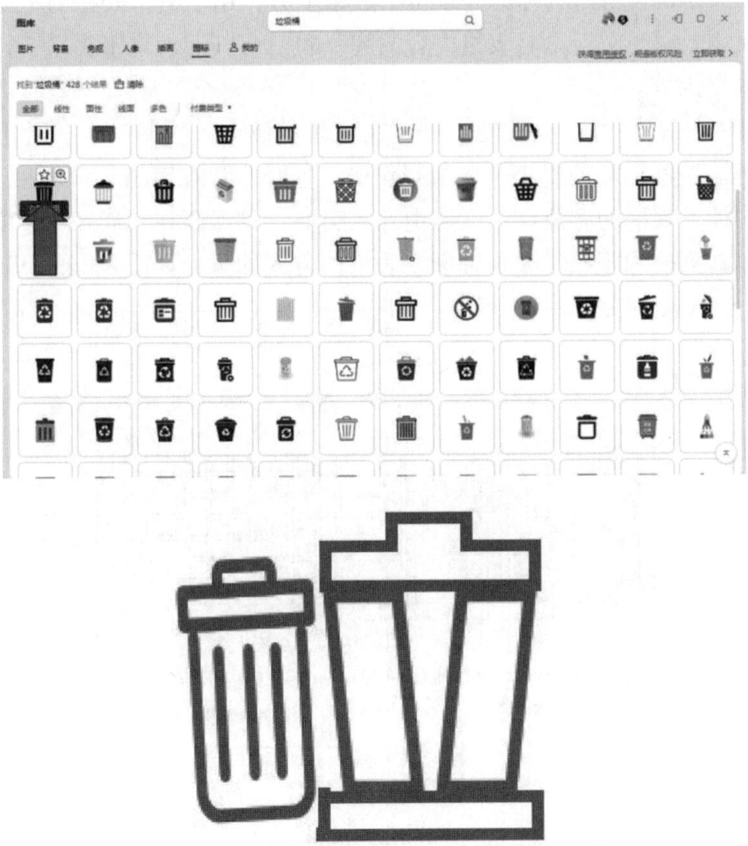

图 3-31　拆分文字设计效果

3.3.4　表格元素的应用

在幻灯片中使用表格好处多，既可以提高信息传递的效率，又可以增强视觉效果和幼儿的理解程度。

表格能够以清晰、简洁的方式展示数据，又能够轻松地对不同数据项进行比较，有助于突出数据之间的差异和相似之处，并且可以在有限的空间内传递更多的信息，提高演示文稿的空间利用率，更有助于将复杂的数据和信息组织得更有条理，便于观众跟随和理解演讲者的思路；演示文稿中的表格可以灵活调整，以适应不同的数据展示需求。例如，可以调整列宽、行高、字体大小和颜色等；同时可以作为辅助工具，帮助教师更清楚地说明数据背后的含义和趋势；通过合理使用颜色、字体和排版等设计元素，表格也可以成为演示文稿中的视觉焦点，吸引学习者的注意力。

表格的元素主要包括表格、行、列、单元格、标题和说明文字等，以下是对表格元素的简单介绍：

（1）表格：表格是演示文稿中用于展示数据的元素，通常由行和列组成，用于排列数据和展示数据之间的关系。

（2）行和列：行和列是表格的基本结构，用于组织和排列数据。

（3）单元格：单元格是表格中的最小元素，用于存储数据、文字、图片等内容。

（4）标题：标题是表格的名称，通常位于表格上方，用于概括表格的主题内容。

（5）说明文字：说明文字是对表格内容的解释和说明，通常位于表格下方，用于帮助观众更好地理解表格内容。

在幻灯片中插入表格可以更方便、更直观地展示数据、强调重点、对比数据、组织信息和辅助排版等。这些功能使得表格成为制作幻灯片时非常有用的元素之一。

在幻灯片中插入表格的方法和在文档中插入类似。只需要在“插入”选项卡中单击“表格”下拉按钮，在列表中根据需要选择插入表格的方式即可，如图 3-32 所示。

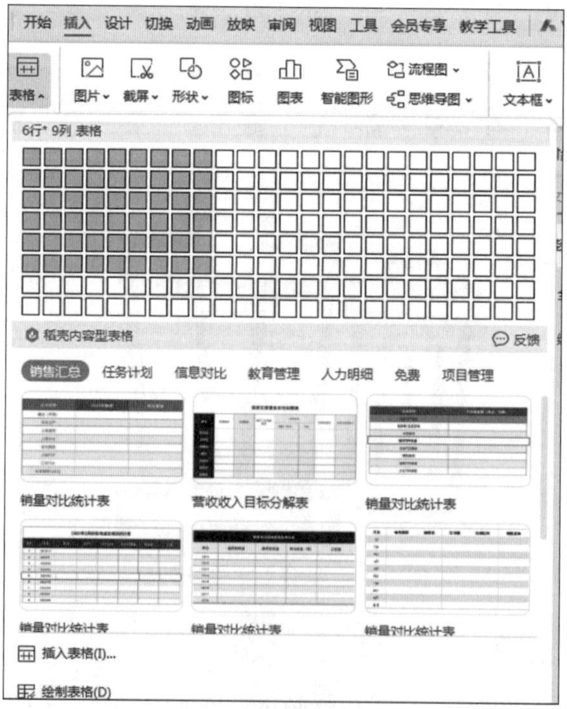

图 3-32 插入表格

插入表格后，在“表格工具”选项卡中可以对表格进行编辑，例如插入行 / 列、合并单元格、拆分单元格、设置行高 / 列宽等，如图 3-33 所示。

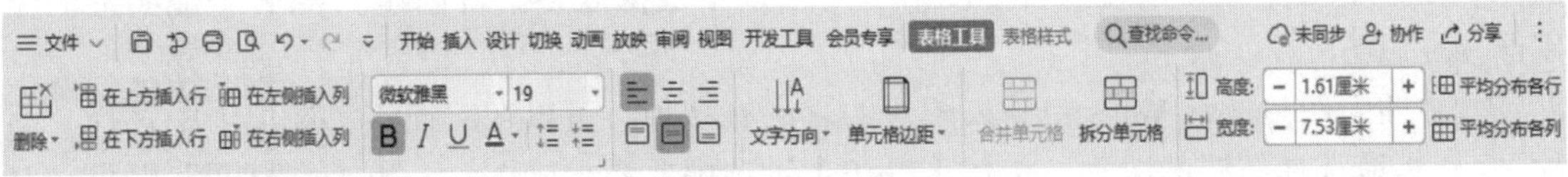

图 3-33　编辑表格

我们在制作幻灯片表格时，需要注意以下几点：

（1）表格的设计应该简洁明了，避免过于复杂和混乱。

（2）行和列的标题应该清晰明了，避免出现歧义和误解。

（3）单元格中的内容应该准确无误，避免出现错别字或错误的数据。

（4）标题和说明文字应该简明扼要，避免过于冗长和烦琐。

（5）配色和排版应该符合整体幻灯片的风格和主题，避免过于突兀和不协调。

3.3.5　智能图形的应用

WPS 的智能图形是一种智能化的图形工具，可以通过列表、流程、循环等多种类型的复杂图形直观地表达信息关系。智能图形可以快速制作各种逻辑关系图形，具有可视化和分析数据的功能，能够提高课件制作效率，简化制作过程，增加课件的趣味性和互动性，提高幼儿的学习兴趣。在 WPS 中，智能图形可以作为教学辅助工具，帮助幼儿更好地理解复杂的概念和过程。

WPS 的智能图形在幼儿课件制作中有以下作用：

（1）直观性：智能图形可以直观地呈现信息，帮助幼儿更好地理解内容。在幼儿课件中，智能图形可以作为教学辅助工具，帮助幼儿更好地理解复杂的概念和过程。

（2）形象化：智能图形能够将抽象的概念和知识形象化，使幼儿更容易接受和理解。通过智能图形，幼儿可以更直观地了解一些抽象的概念，如数学中的加减法、时间等。

（3）提高学习兴趣：智能图形可以增加课件的趣味性和互动性，提高幼儿的学习兴趣。智能图形可以以游戏的形式出现，让幼儿参与其中，通过互动和游戏的方式学习知识。

（4）简化制作过程：使用 WPS 的智能图形可以简化课件制作过程，提高制作效率。通过智能图形，可以快速地创建出精美的课件，减少制作时间。

（5）可视化分析：智能图形还可以用于可视化分析，帮助幼儿更好地理解数据和趋势。通过智能图形，可以将数据以直观的方式呈现出来，帮助幼儿更好地了解数据的变化和意义。

综上，WPS 的智能图形在幼儿课件制作中起到了重要的辅助作用，可以提高教学效果和学生的学习兴趣。同时，智能图形的使用也简化了课件的制作过程，提高了制作效率。

WPS 智能图形的应用包括插入图片、编辑图形、添加项目、删除或更改项目位置等。同时，WPS 智能图形可以应用于各种场景，如流程图、组织结构图、时间轴等，使得文档更加美观和易读。此外，WPS 智能图形还支持快速插入和修改图片、文字等内容，提高了制作文档的效率和便捷性。

需要注意的是，在使用 WPS 智能图形时，用户应该选择适合的图形样式和布局方式，避免过于拥挤或空旷，同时要注意色彩搭配和字体选择，使得课件内容清晰、有条理，同时又能够吸引幼儿的注意力。

WPS 演示提供了八种智能图形，包括列表、流程、循环、层次结构、关系、矩阵、棱锥图和图片等。用户可以在“智能图形”对话框中根据需要进行创建。WPS 智能图形的应用体现在以下几个方面：

（1）插入图片：在 WPS 中插入图片的方法有多种，可以在“插入”选项卡中选择“图片”，从本地选择需要的图片，按住【Shift】键选中要添加的图片，单击“打开”即可。对于智能图形，其是带有图片工具的列表，可以通过单击“垂直图片列表”或“水平图片列表”来创建。在创建过程中，还可以通过单击图形中的图片小按钮来插入图片。具体操作步骤如下：选择“插入”→“智能图形”→“图片”，选择“3 项”，在给出的结果中选择合适的图片智能图形即可，如图 3-34 所示。

图 3-34 插入图片智能图形

（2）编辑图形：在 WPS 中，智能图形不仅具有美观性，还具有编辑功能。为了使插入的智能图形与幻灯片风格更好搭配，我们可以编辑图形。选中三个“添加标题”按钮，再单击右侧“对象属性”窗格中的“填充”颜色，对图形的颜色进行编辑；接着，单独选中“添加标题”的按钮，修改其文字。

在“添加标题”按钮下有一些说明文字，如果需要，单击该文字，修改其文字，如果不需要，选中该“横向文本框”，按【Delete】键将其删除。

将图形更改为适合幻灯片的图形。选中图形，右击，在弹出的快捷菜单栏中选择“更改图片”→“本地图片”，此时可将图片修改为需要的图片，具体步骤如图 3-35 所示。

（3）添加项目：在制作过程中，如果想要增加项目，可以选择图形，再单击右侧弹出的菜单栏中的“添加项”，即可在当前所在项目后添加项目；该菜单栏从上往下的菜单依次为：“添加项”“减少项”“调整项顺序”“更改类型”，如图 3-36 所示。

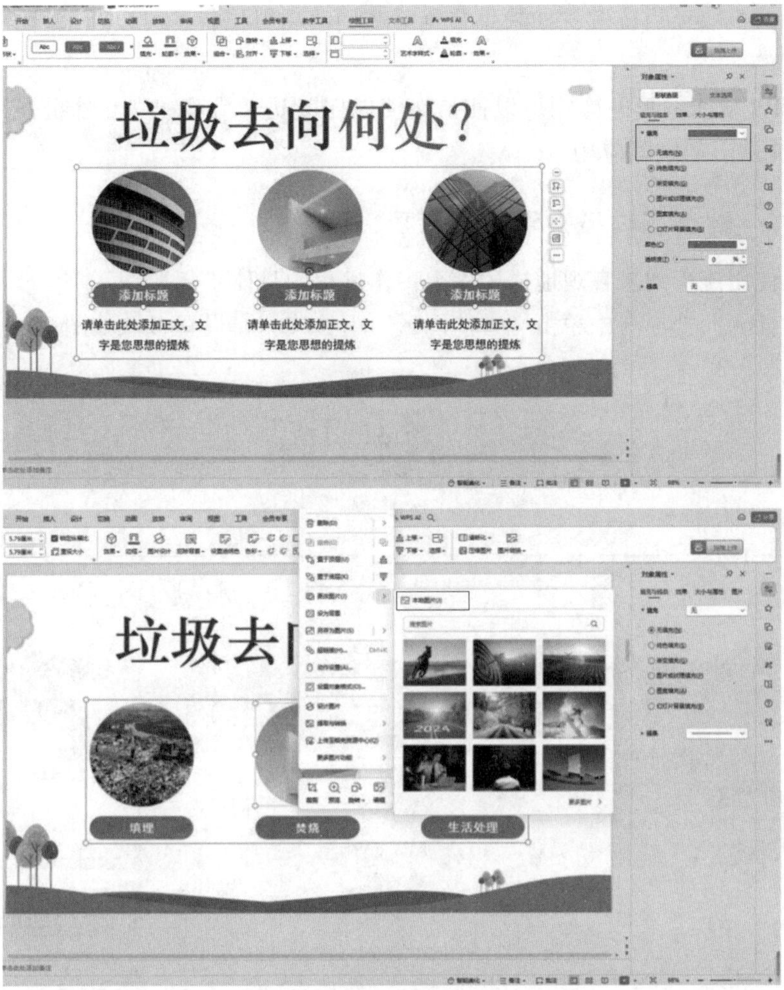

图 3-35　编辑图片

图 3-36　增加智能图形的项

（4）删除或更改项目位置：如果想要删除或更改项目位置，可以通过升/降级、前/后移实现布局调整。

总之，WPS 智能图形的应用可以使得文档更加美观、易读和交互性更强。下面我们来看看 WPS 智能图形的实际应用。

做一做：创建“垃圾来源”流程图

用户可以使用流程图来直观地描述一个工作过程的具体步骤。

（1）在“插入”选项卡中单击“智能图形”下拉按钮，设置参数如图 3-37 所示。

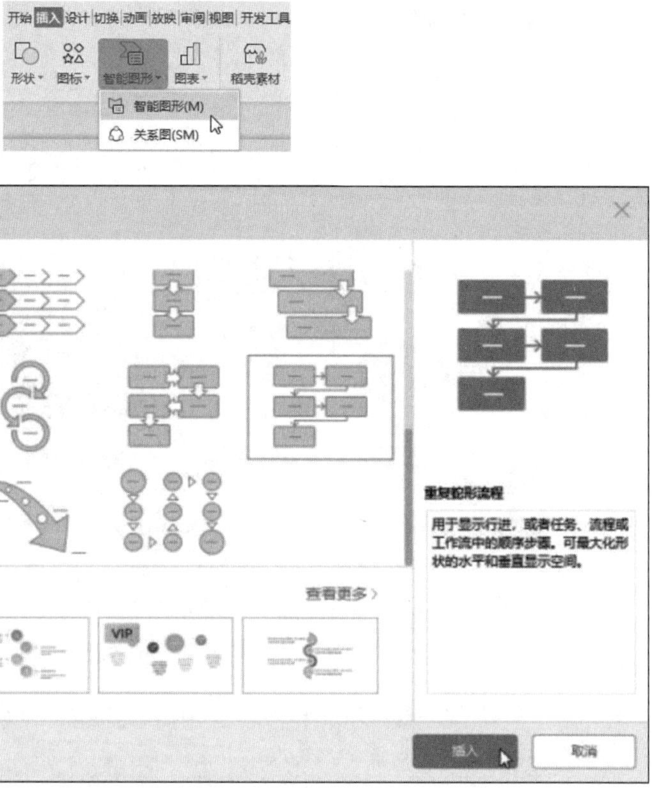

图 3-37 插入智能图形

（2）完成上述操作后，即可在幻灯片中插入一个流程图，然后调整图形的大小，将其移至合适位置，效果如图 3-38 所示。

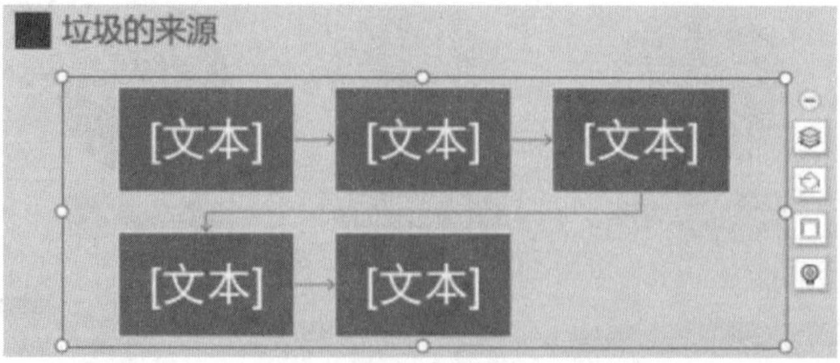

图 3-38 调整图形大小、位置

（3）在“设计”选项卡中单击“添加项目”下拉按钮，可根据需要添加项目；将光标插入带有“文本”字样的形状中，输入相关文本内容，并调整图形大小、位置，效果如图 3-39 所示。

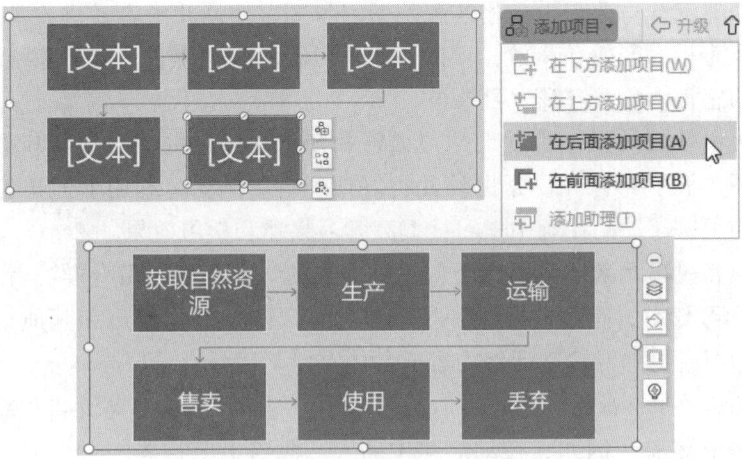

图 3-39　调整图形大小、位置

（4）在“设计”选项卡中单击“更改颜色”下拉按钮，从列表中选择合适的颜色，即可更改图形的主题颜色，效果如图 3-40 所示。

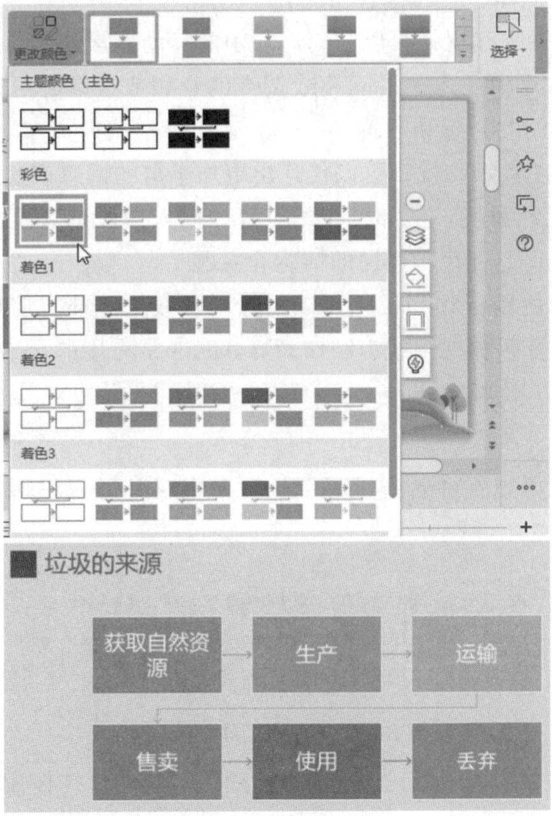

图 3-40　调整图形颜色

3.3.6 音频与视频元素的应用

音频和视频元素在幼儿课件制作中具有重要作用，可以增强学习体验、创造沉浸式学习环境、丰富感官体验、提高注意力、减少干扰、促进记忆与理解以及解释复杂概念。

音频元素能够营造与课程内容相匹配的学习氛围，使幼儿更容易进入学习状态。例如，添加适当的背景音乐、音效和声效，可以刺激学习者的听觉感官，与其他视觉元素相结合，提供更加全面的感官体验，提升学习效果。

视频元素可以使幼儿更加直观地学习语言和知识，通过生动的画面和语音讲解，使抽象的概念更加具体化和形象化，帮助幼儿更好地理解。例如，利用卡通角色和游戏的形式来教授单词和句子，让幼儿在玩中学习，提高学习兴趣和学习效果。

此外，音频和视频元素还可以用于创造沉浸式的学习环境，引导学习者关注重点内容，提高专注度和学习效率。有效的音频和视频设计可以降低外界噪声和其他干扰因素对学习者的影响，使学习者更加专注于课件内容。具体有以下用处：

（1）增强视觉效果：音频和视频可以与幻灯片中的图片、文字等元素相结合，为观众带来更加丰富的视觉体验。例如，在幻灯片中插入一段与主题相关的音乐或视频，可以营造出更加生动、有趣的氛围，吸引观众的注意力。

（2）补充信息：音频和视频可以作为幻灯片中文字内容的补充，为观众提供更加详细、全面的信息。例如，在介绍某个产品或服务时，可以通过插入一段产品演示视频或相关音频，让观众更加直观地了解产品的特点和优势。

（3）增强互动性：音频和视频可以与幻灯片中的互动元素相结合，为观众提供更加互动的体验。例如，在幻灯片中插入一段问答或调查的音频或视频，可以让观众参与到幻灯片的互动中来，增加观众的参与感和兴趣。

（4）增强情感表达：音频和视频可以传达出更加丰富的情感表达，让观众更加深入地理解幻灯片所表达的情感和意境。例如，在幻灯片中插入一段感人至深的音乐或视频，可以让观众更加深刻地感受到幻灯片所传递的情感和主题。

总之，在幻灯片中使用音频和视频可以增强视觉效果、补充信息、增强互动性和情感表达等。这些功能使得音频和视频成为制作幻灯片时非常有用的元素之一。

在“插入”选项卡中就可以插入“音频”和“视频”，并可对其进行编辑。

1. 编辑音频

插入音频后，用户可以在“音频工具”选项卡中对其进行编辑，例如裁剪音频、设置音频播放方式等，如图 3-41 所示。

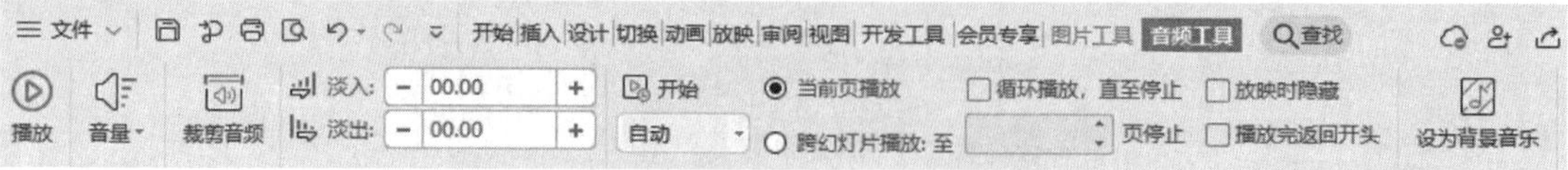

图 3-41 “音频工具”选项卡

其中，音频播放方式有“开始”、“当前页播放”、“跨幻灯片播放”、“循环播放，直到停止”和“放映时隐藏”等。

• 开始：设置音频是自动播放还是单击播放。

• 当前页播放：插入的音频只应用于当前的这一张幻灯片。
• 跨幻灯片播放：设置音频从当前页幻灯片播放直至指定页码为止。
• 循环播放，直到停止：音频会跨页播放，且会循环播放，直到幻灯片放映结束。
• 放映时隐藏：播放幻灯片时隐藏音频图标。

2．编辑视频

插入视频后，用户可以在“视频工具”选项卡中对视频进行编辑，例如裁剪视频、设置视频播放方式等，如图 3-42 所示。

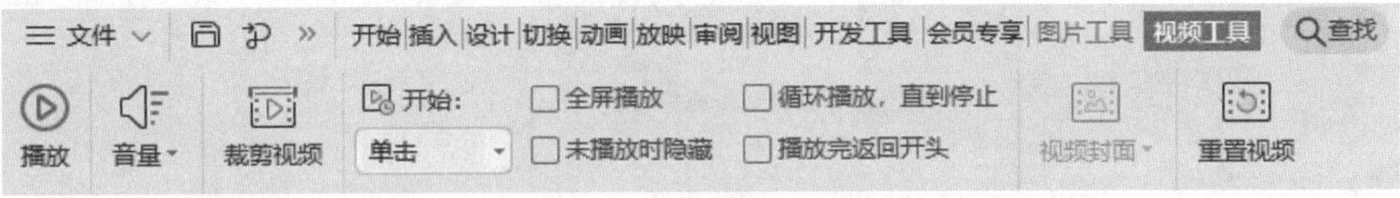

图 3-42　“视频工具”选项卡

• 全屏播放：勾选该复选框，则播放该视频时，会全屏播放视频内容。
• 未播放时隐藏：勾选该复选框，则未播放视频时，隐藏该视频。

3.4 设置母版与版式

3.4.1　了解母版

幻灯片的母版是一种非常有用的工具，可以帮助用户快速统一和调整演示文稿的格式和样式，提高制作效率。它是幻灯片层次结构中的一项，它存储有关演示文稿的主题和幻灯片版式的所有信息，包括背景、颜色、字体、效果、占位符大小和位置。使用幻灯片母版可以帮助用户快速统一幻灯片的页面元素，当需要在多张幻灯片中都出现相同元素时，可以使用母版来统一格式。修改和使用幻灯片母版的主要好处是可以对演示文稿中的每张幻灯片进行统一的样式更改，包括对以后添加到演示文稿中的幻灯片的样式更改。

幻灯片母版包含文本占位符和页脚占位符（日期、时间和幻灯片编号）。若使演示文稿的全部幻灯片有一个统一的外观，只需在幻灯片母版上做一次修改即可。若要在每张幻灯片上添加相同的文本（公式名称、相关的标志图片），那么可在幻灯片母版上插入文本框并添加文本或插入相应的图片。

此外，幻灯片母版的作用还包括快速排版、设计内页、更换背景、建立参考线等。在背景板上可以设置背景的样式、颜色、字体等效果。如果需要，可以在母版的适当位置插入专用的徽标图片并调整大小，插入文本框并输入需要现实的固定文本。

当需要更改内置的版式时，可以在幻灯片母版视图中进行操作。用户在“视图”选项卡中单击“幻灯片母版”按钮，即可进入母版视图。

在幻灯片母版视图中，第 1 张幻灯片称为母版式，其他幻灯片称为子版式。在母版式中进行的任何操作，都会应用至子版式中，如在母版中加入“笑脸”，其他子版式都会加入

“笑脸”。幻灯片母版如图 3-43 所示。

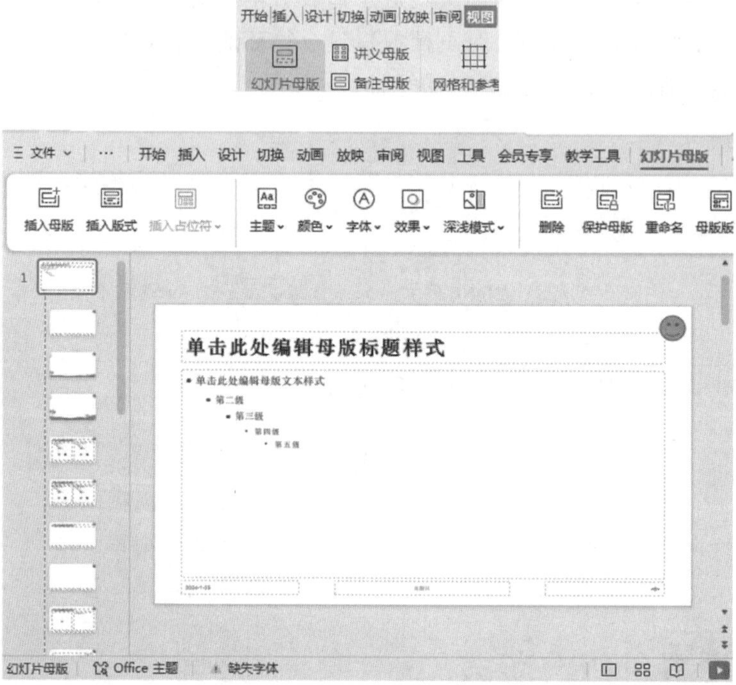

图 3-43 幻灯片母版

相反，在子版式中进行的操作，只会应用于当前版式，母版式和其他子版式都不会发生变化，可以从左边的幻灯片窗格里看出，如图 3-44 所示。

图 3-44 编辑子版式

设置母版后，关闭母版视图，在“开始”选项卡的“版式”列表中可以调用更改后的版式。更改幻灯片母版后的效果如图 3-45 所示。

图 3-45　更改幻灯片母版后效果

3.4.2　设置幻灯片版式

幻灯片版式是 WPS 软件中的一种常规排版的格式。通过幻灯片版式的应用可以对文字、图片等进行更加合理简洁布局。幻灯片版式包含了要在幻灯片上显示的全部内容的格式设置、位置和占位符，如包含文字版式、内容版式及其他版式，幻灯片版式是一种重要的排版工具，在制作演示文稿时起到了关键作用。选择合适的版式可以提高制作效率、保持风格一致、突出重点并增加美观度。

幻灯片版式的主要作用包括：

（1）提高效率：版式可以让用户在制作幻灯片时快速选择并应用一种合适的布局，从而提高制作效率。

（2）保持风格一致：使用幻灯片版式可以确保整个演示文稿的风格一致，使得观众更容易理解和接受信息。

（3）突出重点：通过幻灯片版式，可以更容易地突出重要的信息，让观众更快速地把握主题和内容。

（4）增加美观度：幻灯片版式可以让演示文稿更加美观、专业，从而提升观众的兴趣和注意力。

WPS 演示内置了 11 种幻灯片版式，用户可以根据需要新建幻灯片版式或更改幻灯片版式。

1．新建幻灯片版式

在“开始”选项卡的“新建幻灯片”列表中可以选择需要新建的幻灯片版式，如图 3-46 所示。

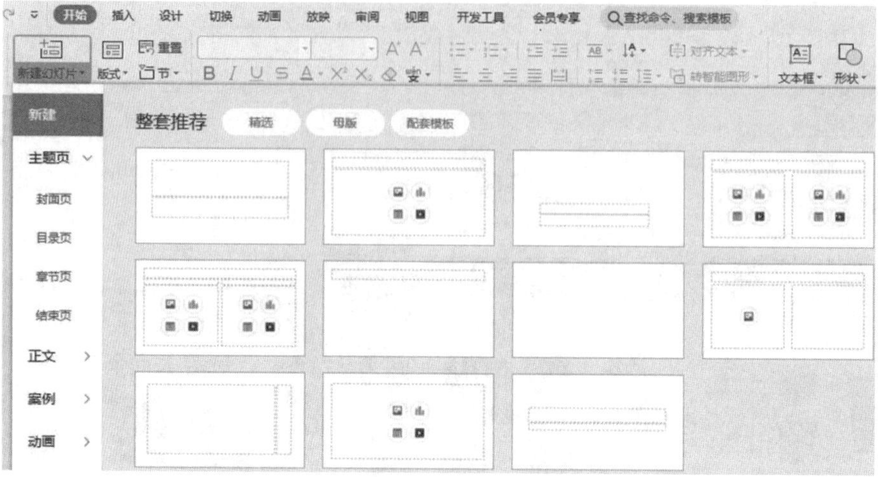

图 3-46　新建幻灯片版式

2．更改幻灯片版式

在“开始”选项卡中单击“版式”下拉按钮，可对当前的幻灯片版式进行更改，如图 3-47 所示。

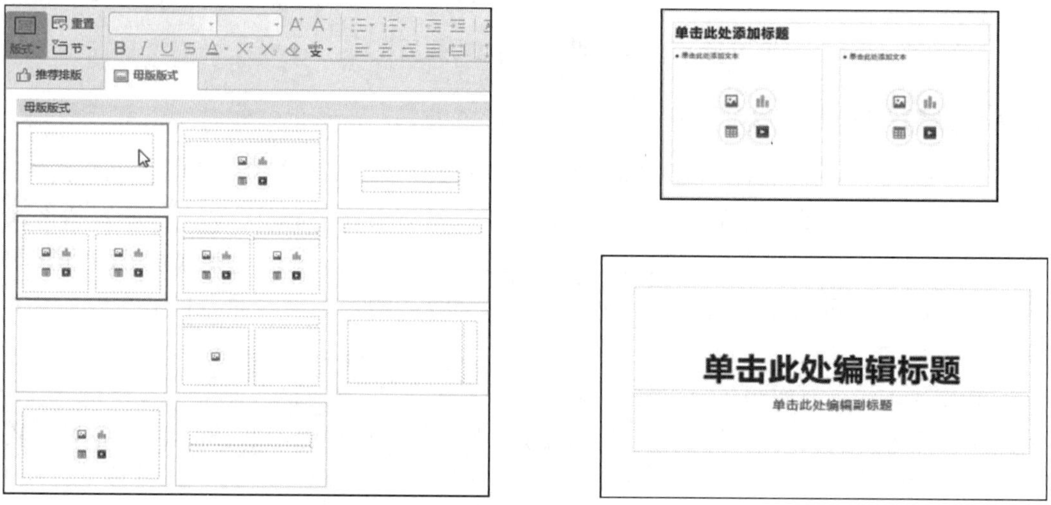

图 3-47　更改幻灯片版式

3.5 试一试：感恩父母 PPT 制作

请回忆你的成长经历，回忆父母在成长过程中的点点滴滴，父母的付出，父母对你的影响、爱护、教育等，以及你对父母的感恩之情。将这份感恩之情制作成不少于 10 页的幻灯片展示出来。

自行搜集并处理图片素材，运用所学的演示文稿制作技术，制作感恩父母演示文稿，弘扬中华民族的传统美德——孝心和感恩；树立正确的家庭观念；强化社会责任感。

第4章

WPS演示课件动画效果应用指南

WPS动画效果是WPS演示中的一种特殊效果，能够形象生动地呈现出立体、逼真的效果，让幼儿身临其境地感受到演示内容，更能吸引幼儿的眼球，激发其学习的兴趣。而且WPS动画效果丰富多彩、易于操作，即使是初学者也能轻松上手，减少了设计时间和成本。

教学目标

◎能够设置幻灯片动画。
◎能够设置幻灯片切换效果。
◎能够创建和编辑超链接。

4.1 设置幻灯片动画

WPS 演示课件的动画是指通过 WPS 演示软件，为幻灯片中的对象添加各种动态效果，使演示内容更加生动、有趣。这些动态效果可以在演示过程中为观众带来视觉上的冲击，提高观众的注意力，增强演示的说服力。

WPS 演示提供了多种动画效果，包括进入动画、强调动画、退出动画、路径动画等。进入动画可以让对象从无到有地出现在屏幕上；强调动画可以让对象在屏幕上突出显示，以引起观众的注意；退出动画可以让对象从有到无地消失在屏幕上；路径动画可以让对象按照指定的路径移动。此外，WPS 演示还支持组合动画，可以将多个动画效果组合在一起，形成一个复杂的动画序列。WPS 演示课件的动画在幼儿课件制作中具有重要作用。以下简单介绍其主要作用：

（1）提高学习兴趣：动画能够吸引幼儿的注意力，让他们更加投入地参与到学习中。动画的动态效果可以激发幼儿的好奇心和探索欲望，使他们更加愿意主动学习。

（2）增强理解能力：通过动画，可以将抽象的概念和知识形象化，使幼儿更容易理解。

动画能够将复杂的过程或事物展示得更加生动和直观，帮助幼儿更好地理解事物的内在关系和动态变化。

（3）促进互动参与：动画结合游戏化元素，可以提高幼儿的参与度和互动性。幼儿可以通过与动画的互动来探索和学习知识，提高学习的主动性和趣味性。

（4）培养想象力和创造力：动画能够激发幼儿的想象力和创造力，让他们在观看动画的过程中进行思考和创作。动画中的创意元素可以启发幼儿的思维，培养他们的创新意识和创造力。

（5）提高教学效率：通过动画，教师可以更加直观地展示教学内容，使幼儿更快地理解知识点。同时，动画还可以帮助教师简化教学过程，提高教学效率。

总的来说，WPS 演示课件的动画在幼儿课件制作中具有重要作用。通过合理运用动画效果，教师可以提高幼儿的学习兴趣、增强他们的理解能力、促进互动参与、培养想象力和创造力，并提高教学效率。在制作幼儿课件时，教师应根据幼儿的年龄特点和学习需求选择合适的动画效果和表现形式，以最大程度地发挥其作用。

4.1.1 添加进入动画

所谓进入动画，是指可以让对象从幻灯片页面外以特有的方式进入幻灯片，也就是让对象从无到有地出现在屏幕上。进入动画分为基本型、细微型、温和型和华丽型。用户在“动画”列表中可以为对象添加进入动画。

做一做：为“垃圾分类”封面添加进入动画

为封面页中的文本和图形添加“飞入”和“出现”进入动画。

（1）选中要添加动画的文本，在“动画”选项卡中单击“其他”下拉按钮，选择“进入”区域下的“飞入”动画效果，具体操作如图 4-1 所示。

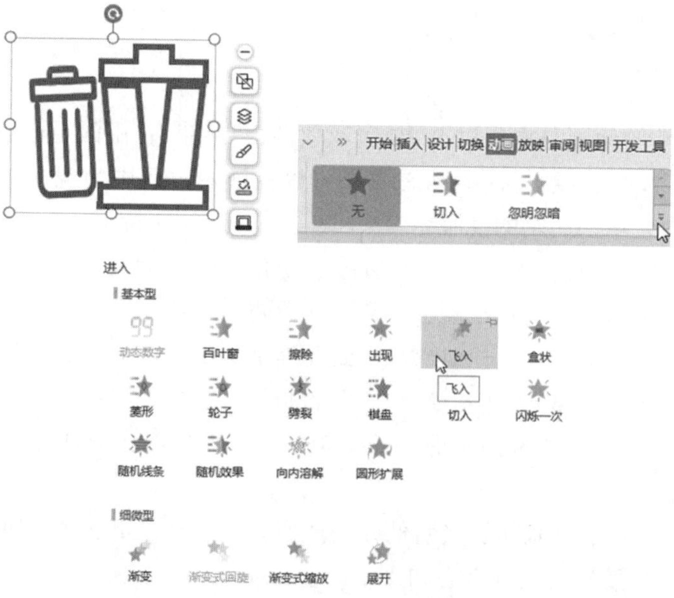

图 4-1 设置飞入动画

（2）选择需要设置动画的文本框，打开“自定义动画”窗格并进行自定义动画设置，设置如图 4-2 所示。

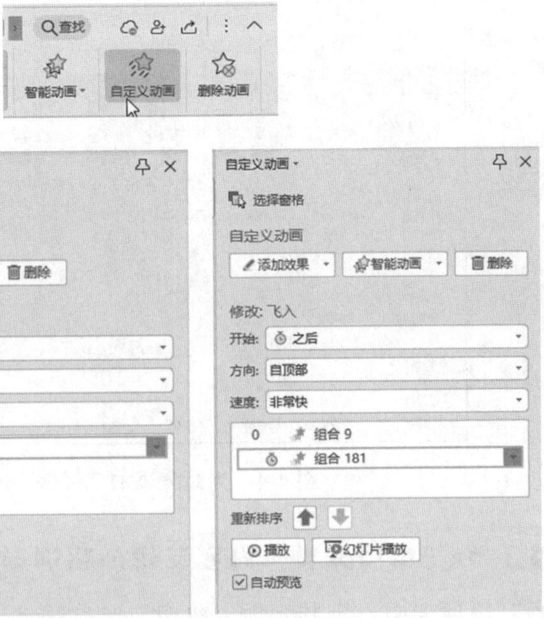

图 4-2　打开“自定义动画”窗格

（3）选择“出现”动画选项，单击其右侧下拉按钮，选中“计时”，打开“出现”对话框的“计时”选项卡，设置参数，如图 4-3 所示。

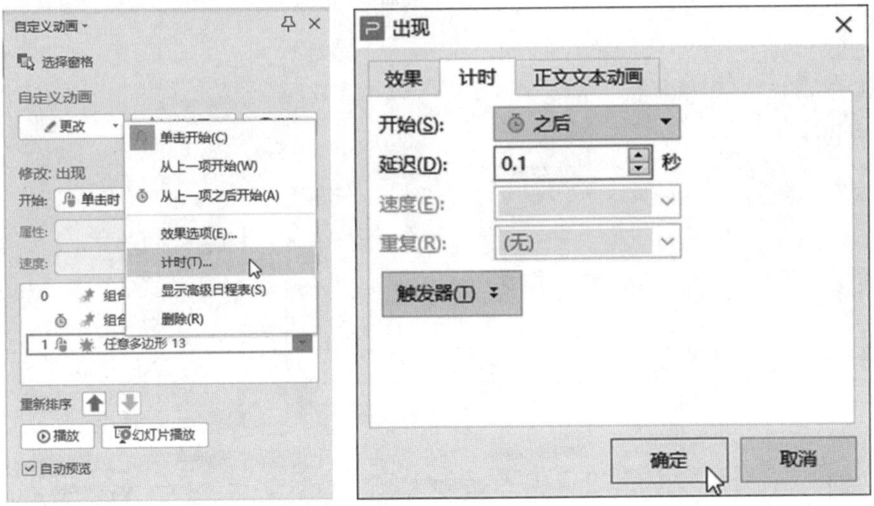

图 4-3　打开“计时”选项卡

4.1.2　添加“强调”动画

对于需要特别强调的对象可以对其应用强调动画。这类动画在放映过程中能够吸引观众的注意。选中对象，在“动画”列表的“强调”区域下，可以为对象添加强调动画效果，效果如图 4-4 所示。

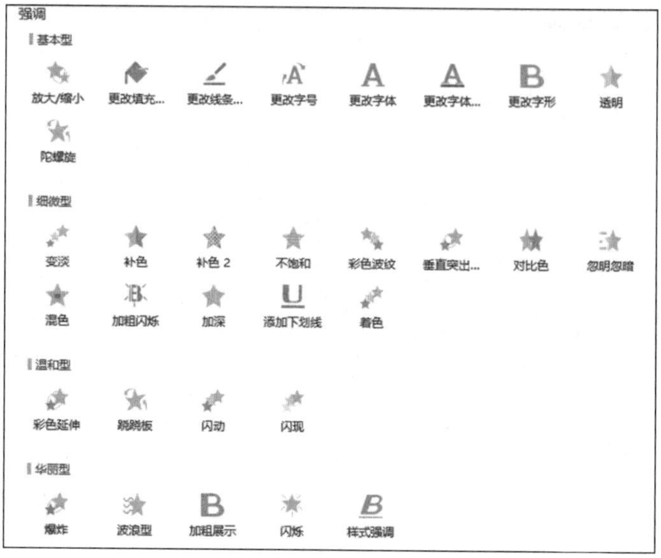

图 4-4　为对象添加“强调”动画

做一做：为“垃圾分类”内容页添加强调动画

在“动画”选项卡中，为其添加“忽明忽暗”强调动画效果，可以设置动画的速度、开始方式等属性，其操作如图 4-5 所示。注意：要对某个对象进行操作，一定要先选中该对象。

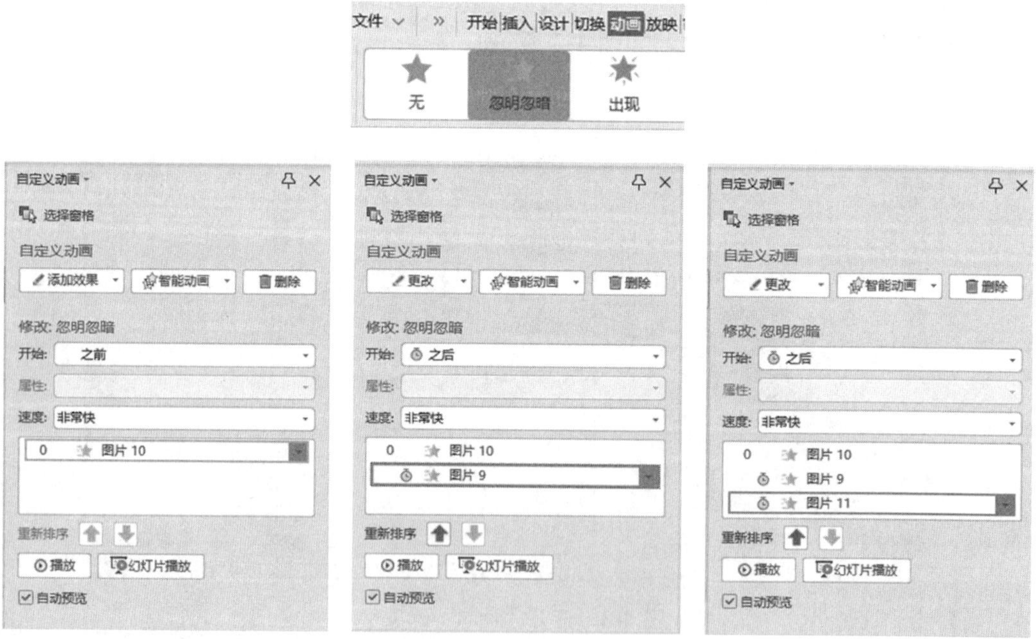

图 4-5　为对象添加“忽明忽暗”强调动画

4.1.3　添加“退出”动画

退出动画与进入动画正好相反，它可展现对象从有到无、逐渐消失的运动过程。退出动画一般和进入动画组合使用。用户在“动画”列表的“退出”区域下，可以为对象添加退出动画效果。

在该列表中,退出动画与进入动画相对应。例如“消失”对应“出现”,“切出”对应“切入”等。在添加退出动画时，先考虑进入效果，然后选择对应的退出效果，如图 4-6 所示。

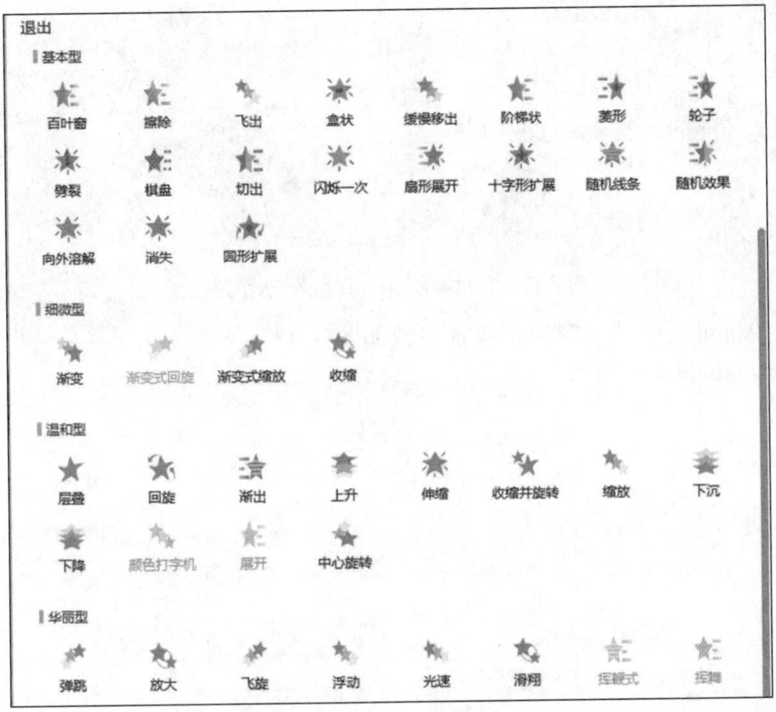

图 4-6　为对象添加“退出”动画

4.1.4　制作动作路径动画

动作路径动画可以使对象按照设定好的路径进行运动。WPS 演示内置了多种路径动画，用户可以在“动画”列表的“动作路径”区域下直接套用，如图 4-7 所示，或者绘制自定义路径。

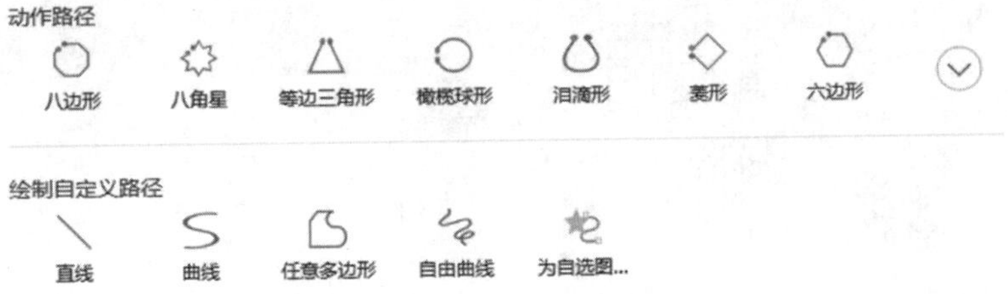

图 4-7　选择动作路径

做一做：为图片添加路径动画

可以为图片添加一个“直线”路径，使图片按照既定的路径进行移动。

（1）在“绘制自定义路径”下选择“直线”选项，拖动鼠标指针为图片绘制一个直线路径，具体操作如图 4-8 所示。

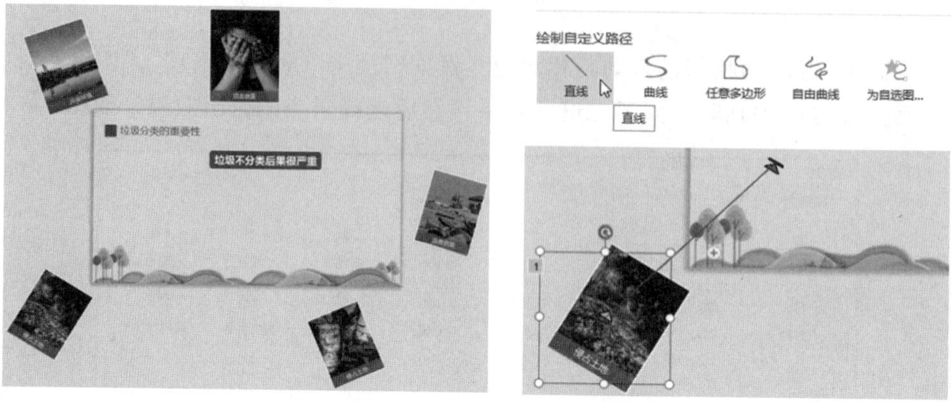

图 4-8　为对象制作“直线”动作路径

（2）打开“自定义动画”窗格，设置参数如图 4-9 所示。

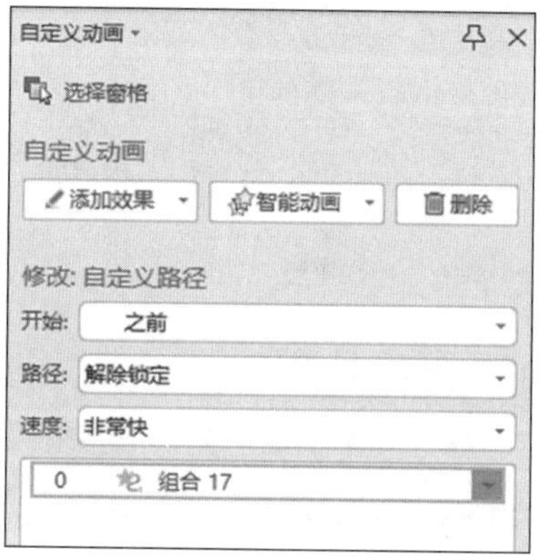

图 4-9　“自定义动画”窗格

（3）设置“直线”路径动画后的效果图如图 4-10 所示。

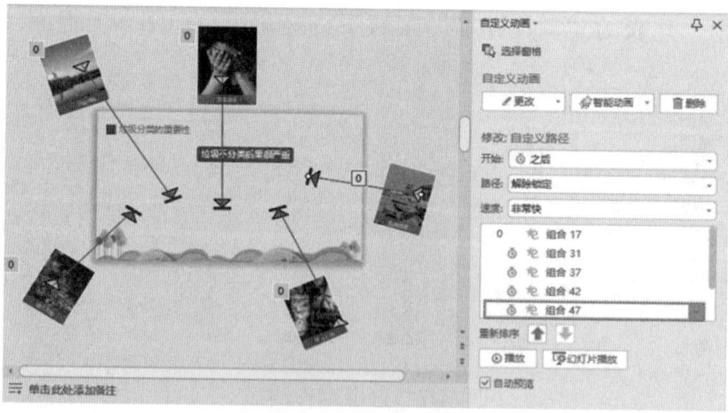

图 4-10　设置“直线”路径后的效果

4.1.5　设置组合动画

组合动画，就是在一个对象上同时应用两组或两组以上的动画效果。选中对象，为其设置动画，接着在“自定义动画”窗格中，通过“添加效果”命令可以为对象添加多个动画效果，效果如图 4-11 所示。

图 4-11　为对象设置组合动画

组合动画主要运用多个不同类型的元素和多种动作来构成一个整体的动画。在组合动画之前，必须根据动画的主题定义尽可能多的元素和多种动作，以便在最后的组合动画中让这些元素和动作发挥更大的作用，使动画更丰富，使演示文稿更加生动、有趣、易于理解，更好地传达信息。

WPS 组合动画的作用主要包括以下几点：

（1）增强视觉效果：通过各种图形和动画效果，组合动画可以创造出更具吸引力的视觉效果，使演示文稿更加生动有趣。

（2）清晰表达复杂概念：组合动画能够利用丰富的图形和动画效果，将复杂的概念和信息以更直观易懂的方式呈现出来，帮助幼儿更好地理解。

（3）提高观众参与度：通过组合动画，可以使演示文稿更加生动有趣，提高幼儿的参与度和兴趣，使他们更容易接受所传达的信息。

（4）增强演示效果：通过组合动画，可以将演示文稿中的各个部分有机地结合起来，形成一个完整的演示效果，使整个演示更加流畅、自然。

做一做：为“垃圾分类”结尾页添加组合动画

用户可以为结尾页中的文本添加“飞入”、“出现”和“忽明忽暗”组合动画。下面将介绍具体的操作方法。

（1）选择文本框，添加动画效果。根据需要设置其他参数，如图 4-12 所示。

图 4-12　动画参数设置

（2）单击“自定义动画”窗格中的“添加效果”下拉按钮，选择“忽明忽暗”动画效果，如图 4-13 所示。

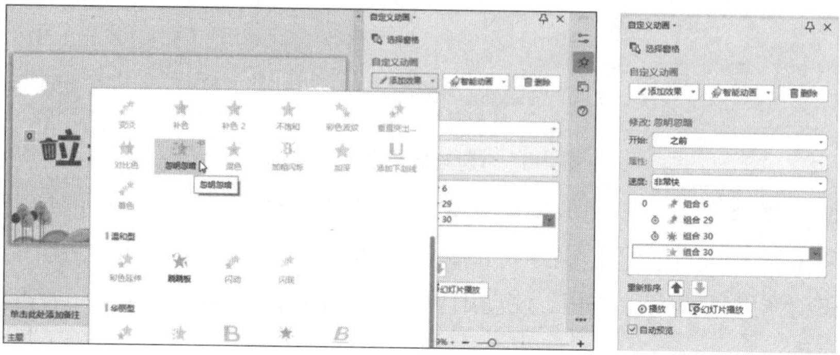

图 4-13　“忽明忽暗”动画效果

4.2 设置幻灯片切换效果

幻灯片切换效果是指在演示文稿中从一张幻灯片移到下一张幻灯片时所呈现的视觉效果。幻灯片的切换效果是增强演示文稿视觉效果和吸引力的重要工具。通过在幻灯片之间添加过渡效果，可以使整个演示看起来更加流畅和连贯，同时吸引幼儿的注意力，让他们更容易被演示的内容所吸引。选择适合的切换效果可以使重点内容更加突出，例如使用淡入淡出的效果来强调一个重要的信息点或故事片段。

4.2.1　页面切换效果的类型

WPS 演示为用户提供了多种页面切换效果，我们可以根据自己的需求和喜好选择合适的效果来应用。如平滑、淡出、切出、擦除、形状、溶解、新闻快报等。

选择“切换”选项卡，在其中可以看到 WPS 系统自带的切换效果，如图 4-14 所示。溶解和轮辐切换效果如图 4-15 所示。百叶窗和棋盘切换效果如图 4-16 所示。

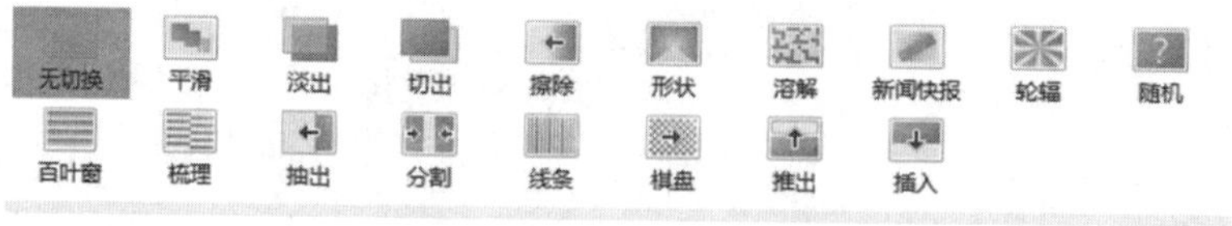

图 4-14　幻灯片切换效果

图 4-15　溶解和轮辐的切换效果

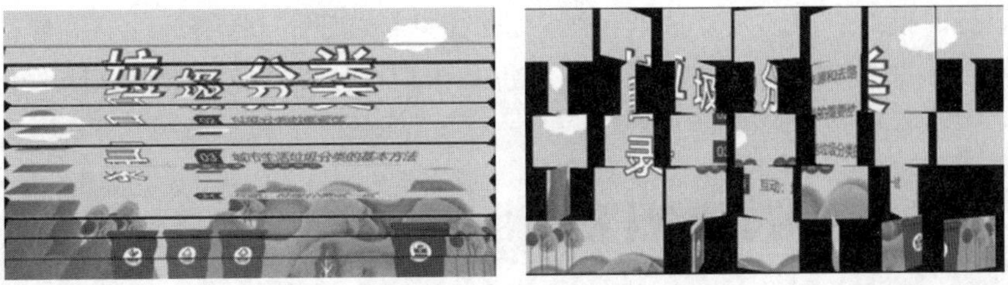

图 4-16　百叶窗和棋盘的切换效果

了解幻灯片页面的切换类型后，用户可以根据需要为幻灯片添加切换效果。只需要在“切换”列表中选择一种切换类型即可。

做一做：为“垃圾分类”添加切换动画

如果要为幻灯片添加“分割”切换动画，则可以按照以下方法操作。选择幻灯片，单击“其他”下拉按钮，从列表中选择“分割”选项，具体操作步骤如图 4-17 所示。

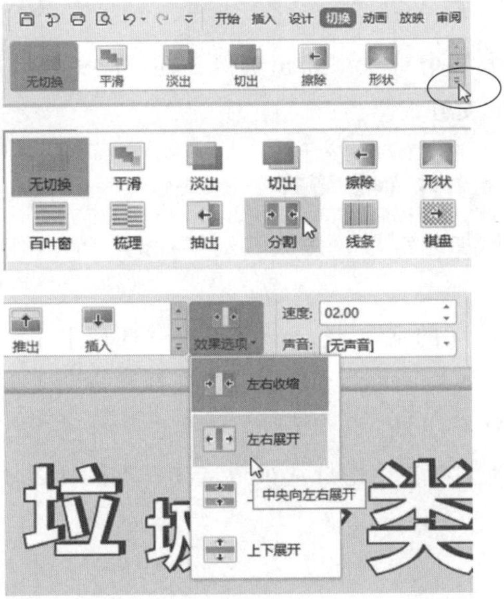

图 4-17　为幻灯片添加“分割”切换动画

4.2.2　设置切换动画的参数

为幻灯片添加切换动画后，用户可以设置切换动画的速度、声音、换片方式等。只需要在“切换”选项卡中设置即可，设置界面如图 4-18 所示。

图 4-18　设置切换动画的参数

- 速度：在“速度”数值框中单击向上或向下的微调按钮，设置切换的速度，以秒为单位。
- 声音：单击“声音”下拉按钮，从下拉列表中选择一种声音，在幻灯片切换的时候播放。

• 单击鼠标时换片：勾选该复选框，则单击的时候放映下一张幻灯片。
• 自动换片：勾选该复选框，可以设置让每一张幻灯片以特定秒数为间隔，自动放映。

4.3 创建和编辑超链接

创建和编辑超链接是指在 WPS 等文档处理软件中，通过特定的操作将文本、图片或其他元素与目标地址建立关联，以便用户单击后直接跳转到目标地址。超链接的作用包括信息导航、内容跳转、知识链接、资源链接、增强互动性等。

在 WPS 中可以通过“插入”选项卡下的“超链接”功能来创建超链接，并对其进行编辑和管理。在编辑超链接时，需要注意链接地址的正确性和有效性，以及链接文本的清晰性和可读性，以确保用户能够顺利地使用超链接。

4.3.1 链接到指定幻灯片

通过“超链接”命令为某个对象添加超链接，在放映幻灯片时，可以快速链接到指定幻灯片，从而实现幻灯片的交互。

做一做：为“目录”添加超链接

用户可以为目录标题添加超链接，在放映幻灯片时，单击该目录标题，就可以跳转到指定的幻灯片。

（1）选中需要链接目录项的文本框，在“插入”选项卡下选择“超链接”下拉按钮，需要注意的是：要选择整个文本框，而不是文字，选择整个文本框可以设置链接并且不会在文字下面留下下划线，如图 4-19 所示。

（2）在下拉菜单中选择“本文档幻灯片页”选项，如图 4-20 所示，打开“插入超链接”对话框。

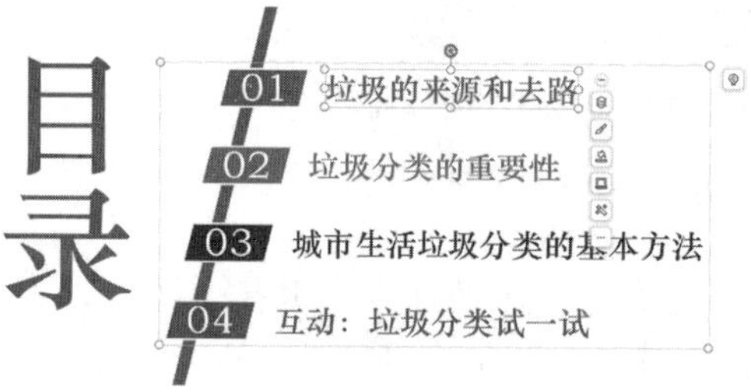

图 4-19　选中文本框

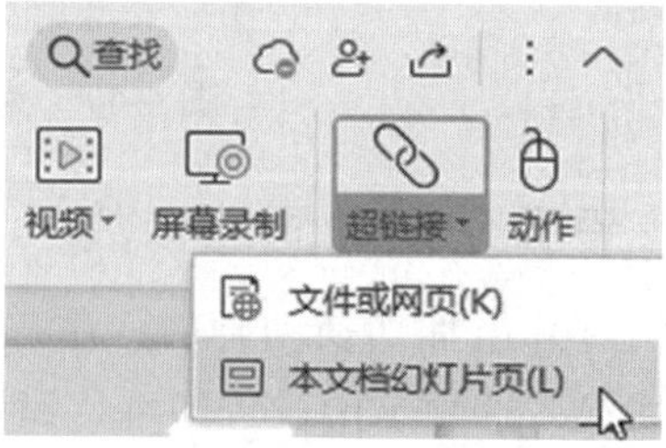

图 4-20　选择“本文档幻灯片页”选项

（3）在“请选择文档中的位置”列表中，选择要链接到的目标位置，如图 4-21 所示。

（4）按【F5】键放映幻灯片，鼠标指针移动至“目录 01 垃圾的来源和去路”时出现手的形状图标，此时表示已成功设置超链接，单击设置了超链接的文本，即可跳转到第 4 张幻灯片，如图 4-22 所示。

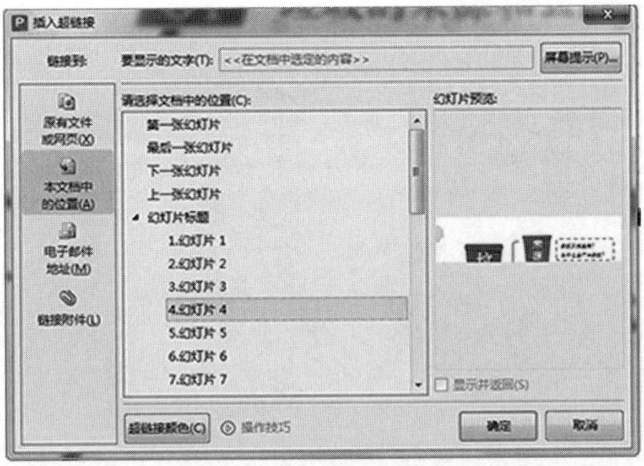

图 4-21　选择要链接到的目标位置

图 4-22　链接后的效果

4.3.2　链接到其他文件

超链接不仅可以链接到指定幻灯片，还可以链接到其他文件，例如文档、表格等。只需要在“插入超链接”对话框的“链接到”列表中选择“原有文件或网页”选项，单击“浏览文件”按钮，打开“打开文件”对话框，从中选择需要的文件即可，如图 4-23 所示。

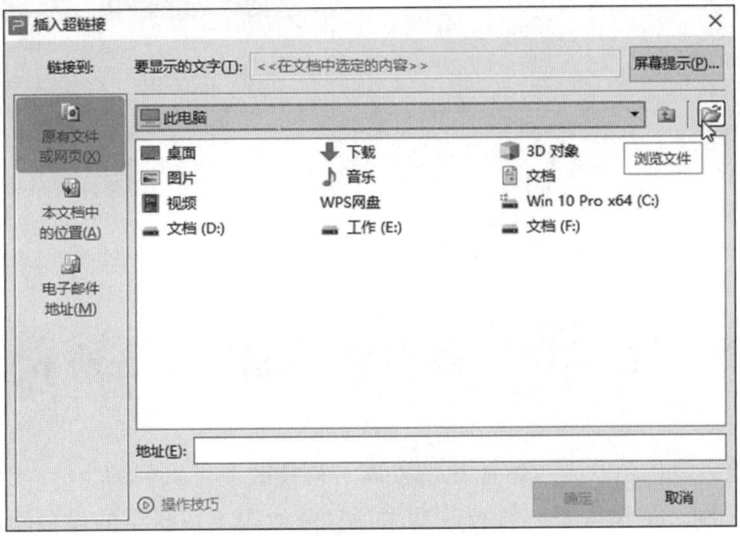

图 4-23　链接到其他文件

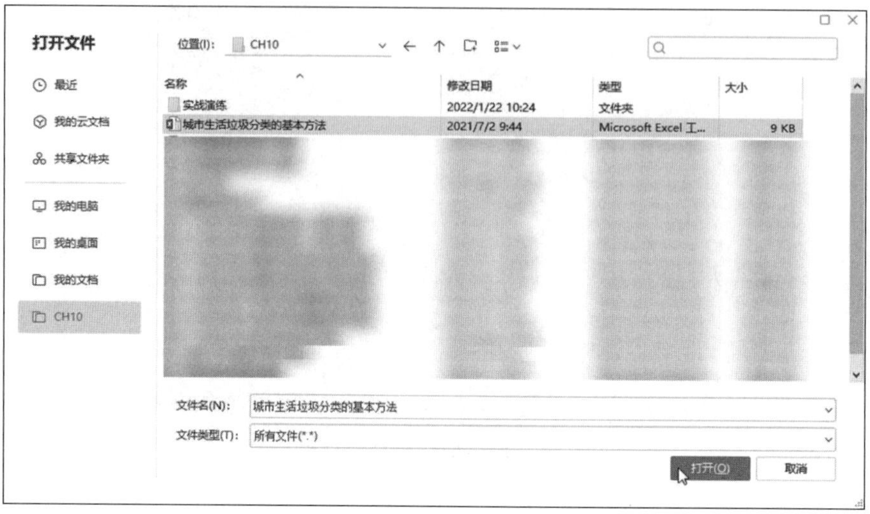

图 4-23　链接到其他文件（续）

4.3.3　链接到网页

为了扩大信息范围,可以将对象链接到网页。在“插入超链接”对话框中设置即可。例如,为了使读者了解更多关于“垃圾分类”的知识，可以将标题链接到相关网页。

选中需要设置超链接的对象，打开“插入超链接”对话框，在“地址”文本框中输入网址并设置超链接，如图 4-24 所示。

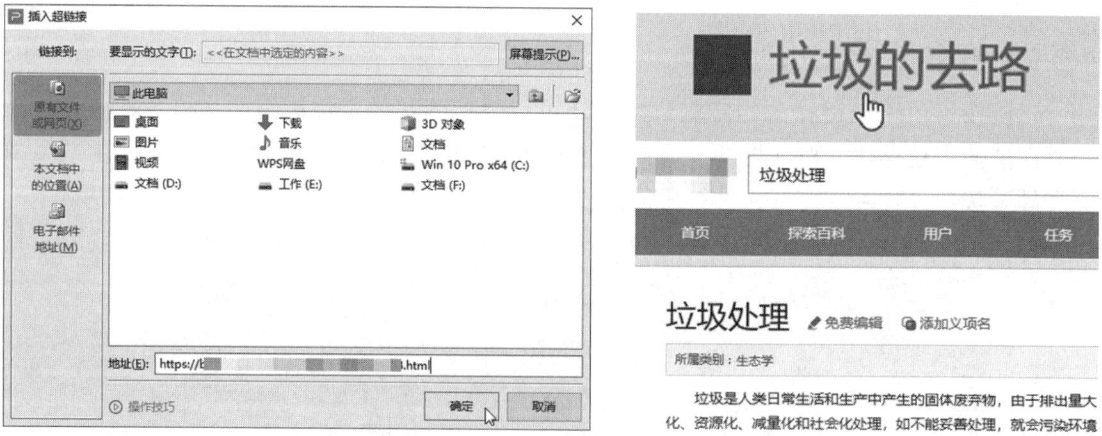

图 4-24　设置链接到网页

4.4　试一试：制作“科技改变生活”WPS 演示文稿

随着信息化、现代化、人工智能化的发展，科技改变了人们的生活，为人们的生活提供了非常多的便利。请深入了解科技改变生活，并运用本章所学的设置动画、动画路径、设置幻灯片切换效果、设置超链接等内容，自行设计一份科技改变生活的演示文稿。

制作科技改变生活的 WPS 演示文稿需要关注以下几个方面：

1.主题明确

要明确演示文稿的主题，确保整个演示内容都围绕“科技改变生活”这个主题展开，并尝试从一个引人注目的标题开始。

2.内容组织

搜集与主题相关的素材和资料，并对其进行整理和分类。可以按照不同的科技领域（如人工智能、互联网、通信技术、医疗技术、环保科技等）或对生活的影响（如工作、教育、娱乐、智能家居等）来组织内容。

3.视觉效果

利用 WPS 演示提供的各种工具和功能，制作出具有吸引力和视觉冲击力的幻灯片，如利用图表、图片、动画效果等来展示数据和信息，确保每张幻灯片都清晰、简洁，重点突出。

4.案例分析

为了更好地说明科技如何改变生活，可以引入一些具体的案例。如你个人的经历，或普遍的社会现象、趋势。通过案例分析，让幼儿更加深入地理解科技对生活的具体影响。

5.互动环节

在演示过程中，可以使用交互功能设置一些互动环节，如提问、小组讨论等，以提高幼儿的参与度和兴趣。

6.技术细节

要确保演示文稿文件兼容性好，可以在不同版本的 WPS 或 PowerPoint 中打开。同时，注意文件的大小和格式，以便于传输和分享。

第 5 章

WPS多媒体课件放映与输出

多媒体课件是为教师的教学服务的，教师使用放映功能来展示和讲解教学内容。通过将多媒体课件进行放映与输出，可以将文字、图片、图表和动画等元素有机结合，为幼儿提供更为直观和生动的视觉体验，更能吸引幼儿的注意力，提高他们的学习兴趣，同时可以简化教学流程，加强信息传递，促进互动和参与，提高教学效率，方便内容更新以及促进远程教学。

教学目标

◎能够放映幻灯片。
◎能够输出演示文稿。

5.1 放映幻灯片

放映幻灯片主要是以文字、图形、色彩及动画的方式，将需要表达的内容直观、形象地展示给幼儿，让幼儿对要表达的内容印象深刻。具体来说，它有以下几个作用：

（1）提高幼儿的学习兴趣：幻灯片通过生动的图像、动画和音效，将知识以更有趣、直观的方式呈现给幼儿。这有助于激发幼儿的好奇心，提高他们的学习兴趣和积极性。

（2）促进幼儿的认知发展：幼儿阶段的认知发展主要包括感知、记忆、思维等方面。通过放映与教学内容相匹配的幻灯片，教师可以引导幼儿观察、思考、探索，促进他们的认知发展。

（3）丰富教学内容和形式：与传统教学方式相比，幻灯片可以呈现更多的教学内容，使教学形式更加多样化。教师可以利用幻灯片展示图片、视频、故事等内容，使教学更加生动有趣。

（4）提高教学质量和效果：通过放映幼儿幻灯片，教师可以更有效地传授知识，使幼儿更好地理解和记忆。同时，教师还可以根据幼儿的反馈及时调整教学策略，提高教学质量和效果。

（5）培养幼儿的观察力和想象力：幻灯片中的图像和动画可以激发幼儿的想象力，培养他们的观察力和创造力。通过观察和思考幻灯片中的内容，幼儿可以发挥自己的想象力进行创作和表达。

5.1.1　设置放映方式

用户可以对幻灯片的放映类型、放映选项、放映范围、换片方式等进行设置。只需要在“放映”选项卡中单击“放映设置”按钮，在打开的“设置放映方式”对话框中进行相关设置即可，如图 5-1 所示。

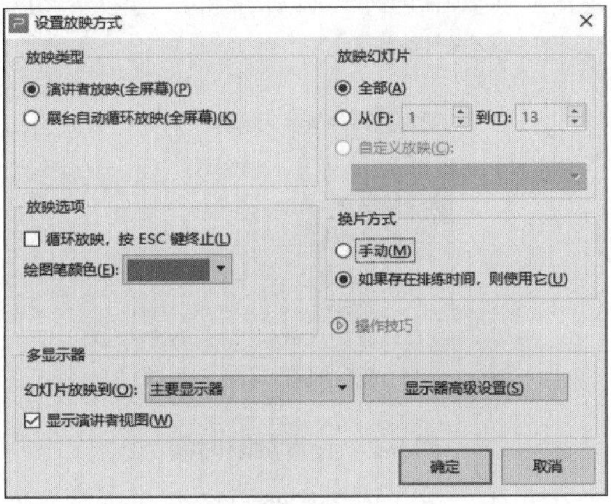

图 5-1　“设置放映方式”对话框

1.设置放映类型

在“放映类型”区域中有“演讲者放映（全屏幕）”和“展台自动循环放映（全屏幕）”两种放映类型。用户可以根据需要选择合适的放映类型。

• 演讲者放映（全屏幕）：以全屏幕方式放映演示文稿，演讲者可以完全控制演示文稿的放映。

• 展台自动循环放映（全屏幕）：在该模式下，不需要专人控制即可自动放映演示文稿。不能单击手动切换幻灯片，但可以通过动作按钮、超链接进行切换。

2.设置放映选项

在“放映选项”区域中，勾选“循环放映，按 ESC 键终止”复选框，可以循环播放幻灯片，直到用户按【Esc】键退出放映模式。

单击“绘图笔颜色”下拉按钮，从展开的下拉列表中选择合适的颜色作为绘图笔颜色。

3.设置放映范围

在“放映幻灯片”区域中，选中“全部”单选按钮，可以将演示文稿内未隐藏的所有幻灯片放映出来。

选中“从……到……”单选按钮，并在右侧数值框中输入数字，可以放映用户定义范围内的幻灯片。

4.设置换片方式

在“换片方式”区域中,选中“手动”单选按钮,在放映过程中需要用户手动切换幻灯片;选中“如果存在排练时间，则使用它”单选按钮，可以按照排练时间自动播放幻灯片。

5.1.2 设置排练计时

为幻灯片设置排练计时，可以记录每张幻灯片所使用的时间，然后系统将按照设置的时间自动放映幻灯片。用户在“预演”工具栏中可以进行相关操作。

做一做：设置每张幻灯片放映时间

用户可以使用“排练计时”功能为每张幻灯片设置放映时间。

（1）从“排练计时”下拉列表中选择“排练全部”选项，幻灯片进入放映状态，在左上角显示“预演”工具栏，如图 5-2 所示。

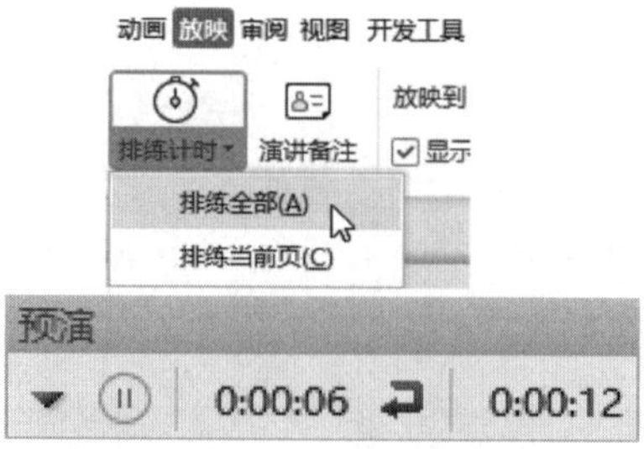

图 5-2 设置放映时间

（2）在“预演”工具栏中单击“下一项”按钮，系统自动进入“幻灯片浏览”视图，浏览结束后弹出对话框如图 5-3 所示，单击“是”按钮即可保留幻灯片排练时间，如图 5-3 所示。

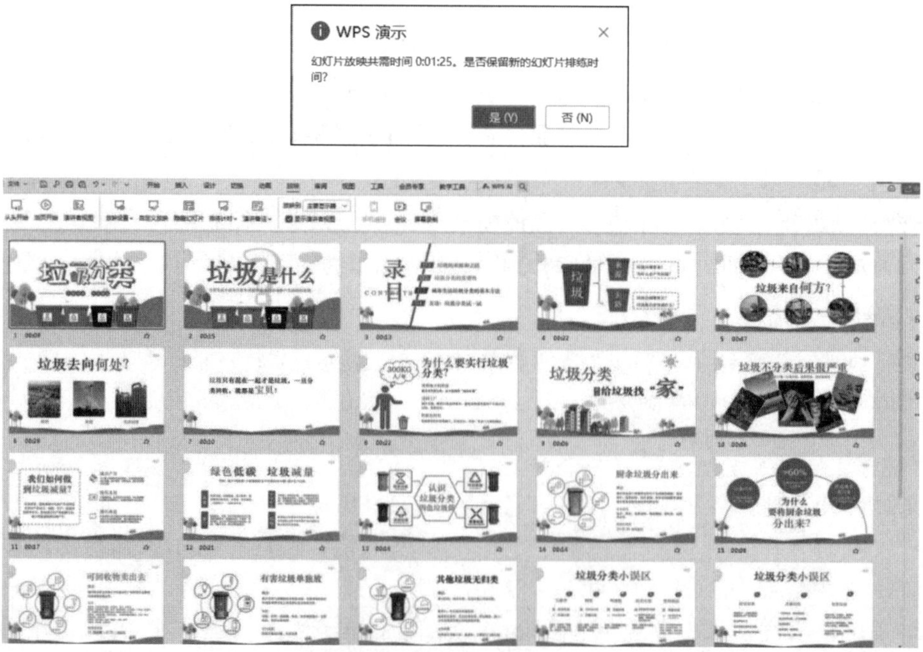

图 5-3 保留幻灯片排练时间

5.1.3　自定义放映

幻灯片自定义放映的意义在于，它为用户提供了一种更加灵活和个性化的演示方式。通过自定义放映，用户可以根据自己的需求和偏好来选择演示文稿中的幻灯片进行放映，并且可以自定义放映的顺序和内容，从而提高演示效率、增强互动性，满足个性化、有针对性的展示。

当不需要将演示文稿中的全部幻灯片放映出来时，可以通过“自定义放映”命令设置放映指定幻灯片。

如果用户只需要将第 1、3、4、5 张幻灯片放映出来，则可以按照以下方法操作：

打开“自定义放映”对话框，单击“新建”按钮，打开“定义自定义放映”对话框，输入“幻灯片放映名称”，在“在演示文稿中的幻灯片”中选择要放映的幻灯片即可，如图 5-4 所示。

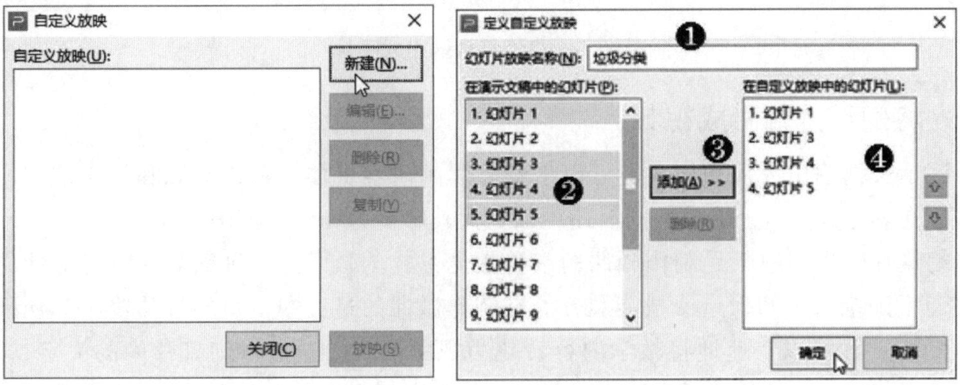

图 5-4　设置自定义放映方式

5.2　输出演示文稿

输出演示文稿是指将演示文稿以某种格式或形式输出，以便在其他场合或设备上进行展示或分享。常见的输出方式包括将演示文稿保存为图片、PDF 文件、视频文件等。

5.2.1　将演示文稿输出成图片

当需要将演示文稿输出为图片格式时，可以单击“文件”按钮，选择“输出为图片”选项。打开“批量输出为图片”对话框，从中设置“输出方式”“水印设置”“输出范围”“输出格式”“输出品质”“输出颜色”“输出目录”等，单击“开始输出”按钮，开始输出，输出成功后会弹出一个对话框，单击“打开”或“打开文件夹”按钮进行浏览即可，如图 5-5 所示。

图 5-5　将幻灯片输出成图片

5.2.2　将幻灯片输出成视频

将演示文稿输出为视频格式，可以使幻灯片的内容更加丰富、动态和易于理解，可以方便用户在其他计算机上播放，同时还可以扩大其影响力和传播范围。

将幻灯片输出为视频是制作微课的一种常见方式。微课是一种简短、有针对性的教学视频，通常围绕某个知识点或技能展开。在制作微课的过程中，将幻灯片输出为视频是一种高效的方法，可以快速地将教学内容转化为视频形式。通过将幻灯片中的文字、图片、图表等元素与声音、动画等元素结合，可以制作出内容丰富、生动有趣的微课视频。

那么如何将幻灯片输出为视频呢？只需要单击“文件”按钮，选择“另存为”选项，并选择“输出为视频”选项。打开“另存文件”对话框，设置视频的保存位置，单击“保存”按钮，如图 5-6 所示，开始输出，视频输出完成后弹出一个对话框，单击“打开视频”或“打开所在文件夹”按钮，查看视频即可。

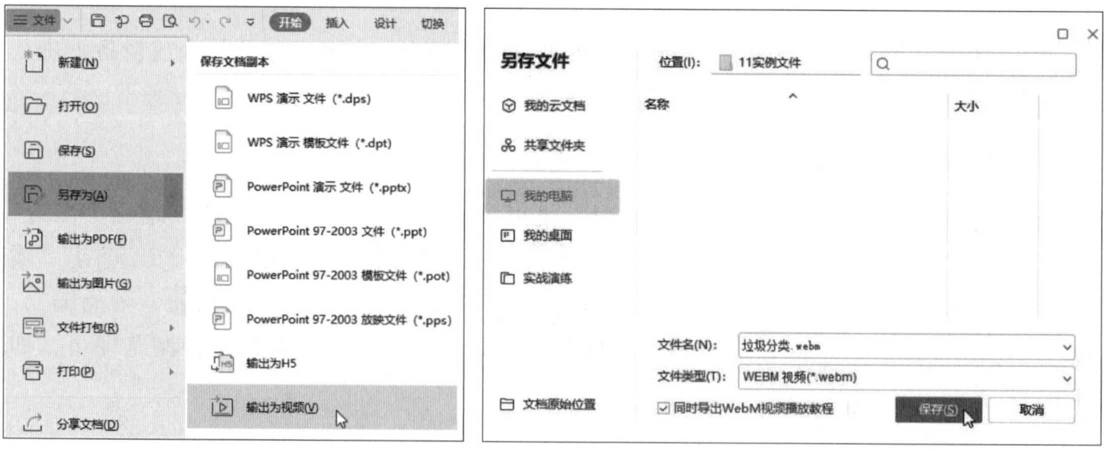

图 5-6　将幻灯片输出成视频

5.2.3　打包演示文稿

用户可以将演示文稿打包成文件夹或压缩文件。单击“文件”按钮，选择“文件打包”选项，根据需要选择“将演示文档打包成文件夹”选项或“将演示文档打包成压缩文件”选项。在弹出的“演示文件打包”对话框中进行相关设置即可，如图 5-7 所示。

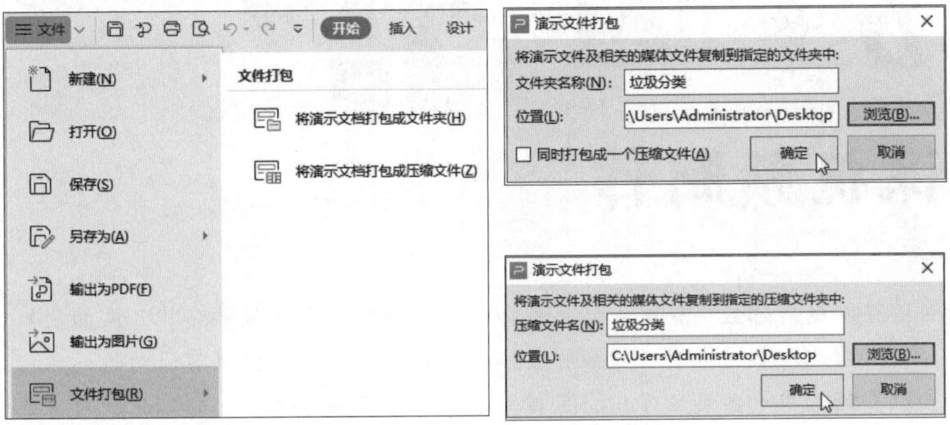

图 5-7　打包演示文稿

5.3　试一试：将演示文稿输出为视频

为制作的“科技改变生活”的演示文稿添加旁白和背景音乐，并输出为视频。

第 6 章

微课视频制作

微课视频以视频为主要载体，记录教师围绕某个知识点或教学环节开展的简短、完整的教学活动。这些视频通常时长较短，重点突出，可以为幼儿提供有针对性的学习资源。微课视频被广泛应用于各类教学中，可以为幼儿教学提供个性化、辅助性、自主性等方面的支持，促进教学效果的提升和教师专业发展。同时，也需要教师在制作和使用微课视频时注意质量、适用性和适度性等方面的问题。

教学目标

◎了解微课在幼儿园教学中的作用。
◎了解微课制作中的选题注意事项。
◎能够处理好微课制作中的知识产权问题。
◎掌握微课主要的制作方式及制作过程。

6.1 微课在幼儿园教学中的作用

微课在幼儿园教学中具有重要作用，可以促进幼儿学习方式的多样化，推动教师专业化发展，同时也为家庭和幼儿园之间的协作提供了便利。在幼儿园教学中，微课的应用主要有以下几个方面的作用：

（1）微课可以充分利用网络资源，利用多媒体活泼生动的特点，对某个知识点进行再现，使教学更加生动形象，符合幼儿的认知规律和视觉特点。由于幼儿注意力集中时间短，短时间的微课程视频能够更好地满足幼儿的学习需求，帮助幼儿掌握学习的主干，并激发幼儿的学习兴趣。

（2）微课可以丰富教学内容，提高教学效果。幼儿正处于身心发展的关键时期，注意力容易分散，对于抽象的知识点难以理解。而微课可以通过生动的图片、视频、动画等形式将知识点以直观、形象的方式呈现给幼儿，吸引幼儿的注意力，激发幼儿的学习兴趣和积极性。例如，在语言教学中，可以利用微课制作一些生动有趣的动画故事，帮助幼儿理解故事情节和培养幼儿的语言表达能力；在数学教育中，可以通过微课展示形象化的数学概念和计算方法，让幼儿在游戏中学习数学，提高数学思维能力。

（3）微课可以优化教学过程，提高教学效率。幼儿的学习能力和认知能力正处于发展阶段，对于一些较为复杂的概念和技能需要反复讲解和演示。而微课可以通过反复播放、快进、暂停等功能，满足幼儿不同的学习需求和学习进度。同时，微课还可以将一些抽象的概念和技能以直观、形象的方式呈现给幼儿，帮助幼儿更好地理解和掌握知识点。例如：在科学探索中，可以利用微课展示一些科学实验和现象，让幼儿通过观察、操作等方式了解科学知识，培养科学素养；在社会认知中，可以通过微课介绍一些社会规则、礼仪和文化等知识点，帮助幼儿了解社会常识和文化背景。

（4）微课可以促进家园共育。家庭是幼儿成长的重要环境之一，家长的参与和支持对幼儿的发展具有重要的影响。通过自媒体平台如微信公众号、抖音、快手等，教师可以上传制作的微课视频供家长和幼儿观看和学习。这样不仅可以扩大微课的传播范围，提高教学效率和质量，还可以加强教师与家长之间的互动和沟通。例如，教师可以定期在微信公众号上发布微课视频和相关的学习资料，邀请家长和幼儿共同学习和讨论；同时，也可以在自媒体平台上回答家长的问题和反馈意见，及时调整教学策略和方法。

（5）微课可以提高教师教学能力。制作微课需要教师具备一定的信息技术能力和教学经验，因此制作微课的过程也是教师提高教学能力的过程。通过制作微课，教师可以更好地掌握教学重点和难点，深入了解幼儿的学习特点和需求，提高教学水平。同时，微课还可以为教师提供一种反思和总结教学的工具，帮助教师不断改进和完善教学方式。

6.2 微课制作中的选题

在幼儿园微课制作中，选题是非常关键的一环。为了确保微课内容既符合幼儿的学习特点，又能有效地融入德育教育元素，需要注意以下问题：

1.确保适宜性与趣味性

（1）年龄适宜性：选题应紧密结合幼儿的年龄特点和认知水平，确保内容既不过于简单也不过于复杂，能够激发幼儿的学习兴趣。

（2）趣味性：选题应富有趣味性，能够吸引幼儿的注意力。可以通过故事、游戏、动画等形式呈现，让幼儿在轻松愉快的氛围中学习。

2.突出教育性与实践性

（1）教育性：选题应具有明确的教育目标，能够促进幼儿在认知、情感、态度等方面的全面发展。同时，应注重培养幼儿的良好行为习惯和道德品质。

（2）实践性：选题应具有一定的实践性，能够让幼儿通过亲身体验和操作来加深对知识的理解和运用。这样不仅可以增强幼儿的学习效果，还能培养幼儿的实践能力和创新精神。

3.融入德育教育元素

（1）爱国情怀：选题可以涉及一些与爱国主义相关的内容，如介绍国旗、国徽、国歌等，激发幼儿的爱国情怀和民族自豪感。

（2）社会主义核心价值观：通过具体的故事、情境或活动设计，传递社会主义核心价值观，如诚信、友善、文明、和谐等，引导幼儿形成正确的价值观念和道德观念。

（3）优秀传统文化：选题可以融入中华优秀传统文化元素，如经典故事、传统节日等，让幼儿在了解传统文化的同时，培养审美情趣和文化素养。

（4）环保意识与社会责任：引导幼儿关注环境保护和社会责任，通过介绍环保知识、开展环保活动等方式，培养幼儿的环保意识和责任感。

综上所述，幼儿园微课制作中的选题需要注意适宜性、趣味性、教育性、实践性以及德育教育元素的融入。通过精心选题和巧妙设计，才能制作出符合幼儿学习特点和教育目标的优质微课。

6.3 微课制作中的知识产权问题

在微课制作中保护知识产权是非常重要的，它涉及对原创内容的尊重、版权的合规使用以及避免潜在的法律风险。以下是一些保护知识产权的建议：

（1）确保原创性：尽量确保你的微课内容是原创的。原创内容不仅可以避免版权问题，还能提升微课的独特性和吸引力。

（2）合法使用他人内容：如果你在微课中需要使用他人的内容（如文字、图片、音频、视频等），务必确保你已经获得了合法的授权或遵循了相关的版权规定。你可以通过购买版权、获得许可或使用免费可用的素材来确保合规性。

（3）注明来源和引用：当你在微课中引用他人的观点、数据或内容时，一定要注明来源。这不仅是对原作者的尊重，也是遵守版权法的基本要求。

（4）避免使用未经授权的软件和工具：在制作微课的过程中，确保你使用的所有软件和工具都是合法的，并且已经获得了适当的授权。避免使用盗版软件，以免引发法律风险。

（5）及时响应侵权投诉：如果你收到关于微课内容侵权的投诉，务必及时响应并采取适当的措施。这可能包括删除侵权内容、与投诉方协商解决或寻求法律建议等。

通过遵循以上建议，你可以在微课制作中有效地保护知识产权，确保你的微课内容合法、合规，并维护良好的版权环境。

6.4 微课主要制作方式及制作过程

幼儿园微课制作中，录屏类微课和拍摄类微课是两种常见的制作方式，它们各有特点及制作方法。

1.录屏类微课

录屏类微课的特点是制作简单、方便快捷。它通过录制计算机屏幕的幻灯片课件的展示和老师声音来制作微课，可以很好地呈现教师讲解、演示等内容。录屏类微课的制作过程包括脚本设计、屏幕录制、视频剪辑、视频特效、音效处理、字幕制作、视频输出等步骤。

2.拍摄类微课

拍摄类微课的特点是真实呈现教学过程，生动有趣。它通过使用手机、平板、摄像机等拍摄工具来制作微课，可以真实地呈现教师实际教学的过程，让学生更好地体验学习的过程。拍摄类微课的制作过程包括脚本设计、视频拍摄、视频剪辑、视频特效、音效处理、字幕制作、视频输出等步骤。

为了达到较好的教学效果，通常也会把两类方法融合运用。除了这两类比较常见的微课类型，还有动画制作类和演示文稿转化类型等。动画制作类的方式常用于创造趣味性的教学内容，通过动画的形式展示知识点。制作过程包括故事脚本、角色设计、场景制作、动画制作等步骤；PPT 转化类方式适用于已经制作好的演示文稿，将其转化为视频形式进行教学。制作过程包括演示文稿制作、录屏、配音等步骤。

6.4.1　微课脚本设计

微课录制分镜头脚本的编写是微课制作过程中的重要环节，它能够帮助制作人员更好地规划和组织微课的内容和呈现方式。根据教学内容和教学目标，选择合适的呈现方式，如文字、图片、视频、音频等。在脚本中需要注明每个环节的呈现方式，以及对应的素材和时间长度。

表 6-1 是一个微课录制分镜头脚本的表格示例供大家参考，大家也可以根据实际需要进行修改。

6.4.2　屏幕录制

屏幕录制可以真实记录教师的教学过程，包括讲解的声音、屏幕展示的文字、图片、音频、视频等。通过屏幕录制，教师可以快速、方便地制作出高质量的微课视频，提高教学效率和质量。

常用的屏幕录制软件有希沃剪辑师和 OBS 软件，下面简单介绍一下这两个软件。

1.希沃剪辑师

希沃剪辑师是一款功能强大的屏幕录制软件，支持多种录制模式和输出格式，可以满足不同场景下的录制需求，具有以下三个特点：

（1）功能全面：希沃剪辑师支持录屏、剪辑和生成视频等功能，能够满足用户的基本视频制作需求。

（2）操作简单：该软件设计得简单易用，无须专业知识或技能，用户可以轻松上手。

（3）适合初学者：特别适合初级的视频制作用户，帮助他们快速掌握视频制作的基本技能。

2.OBS

OBS（open broadcaster software）是一款开源的实时视频录制和直播软件，广泛应用于游戏直播、在线教育、会议演讲等领域。OBS 以其强大的功能和灵活的定制性受到了广大用户的喜爱。以下是 OBS 的一些主要特点：

表 6-1　微课设计脚本

<table>
<tr><td>名称</td><td colspan="4"></td></tr>
<tr><td>内容描述</td><td colspan="4"></td></tr>
<tr><td>适用对象</td><td></td><td>时间长度</td><td colspan="2"></td></tr>
<tr><td>教学目标</td><td colspan="4"></td></tr>
<tr><td colspan="5">教学过程设计</td></tr>
<tr><td>画面镜头</td><td>内容 / 画面描述</td><td>台词 / 字幕</td><td>音乐</td><td>时间</td></tr>
<tr><td>片头</td><td></td><td></td><td></td><td></td></tr>
<tr><td>内容一</td><td></td><td></td><td></td><td></td></tr>
<tr><td>内容二</td><td></td><td></td><td></td><td></td></tr>
<tr><td>…</td><td></td><td></td><td></td><td></td></tr>
<tr><td>结尾</td><td></td><td></td><td></td><td></td></tr>
</table>

（1）多功能性：OBS 不仅支持屏幕录制，还能录制摄像头、麦克风、游戏等多种音频和视频源。此外，它还允许用户对各个源进行编辑和调整，如裁剪、缩放、滤镜等。

（2）场景切换：用户可以设置多个场景，并在直播或录制过程中随时切换。每个场景可以包含不同的视频和音频源，以及自定义的布局和设置。

（3）高度定制：OBS 允许用户通过插件和脚本进行高度定制，以满足各种特殊需求。这些插件可以扩展 OBS 的功能，如添加字幕、使用虚拟摄像头等。

（4）实时预览和推流：OBS 提供了实时预览功能，让用户可以在推流之前检查视频和音频的效果。同时，它还支持多种推流平台，如 Bilibili 等。

（5）易于学习和使用：虽然 OBS 的功能强大，但其界面简洁明了，易于学习和使用。无论是初学者还是专业人士，都能快速上手并充分利用其功能。

总之，OBS 是一款功能强大、易于使用的实时视频录制和直播软件。它在微课制作中具有很高的实用价值，可以帮助教师轻松实现高质量的视频录制和直播教学。同时，由于其开源性质，用户还可以根据自己的需求进行定制和扩展。

做一做：使用希沃剪辑师进行屏幕录制

使用希沃剪辑师之前我们必须确保计算机已经安装了希沃剪辑师软件。如果没有安装，请先下载并安装。同时根据录音录像的需要安装麦克风和摄像头，准备好需要录制的屏幕内容，例如演示文稿、网页、软件界面等。准备好以上软硬件设施后，我们开始进行屏幕录制。

（1）打开希沃剪辑师软件，软件的主界面如图 6-1 所示。

图 6-1　希沃剪辑师主界面

（2）在主界面中，单击“录屏”按钮，出现录屏界面。

（3）可以选择摄像头、麦克风是否工作，以及录制的屏幕范围等，选定以后可以按【F9】键开始录制，录制结束时按【F10】键结束录制，录制中间如果需要暂停可以按【F11】键，录制界面如图 6-2 所示。

（4）按【F10】键结束录制后将出现一个预览界面，可以对录制的视频进行播放预览、编辑、导出等操作，其界面如图 6-3 所示。

（5）在编辑界面里，可以对录制的屏幕视频进行剪辑、合成、加转场、配音等操作，其界面如图 6-4 所示。

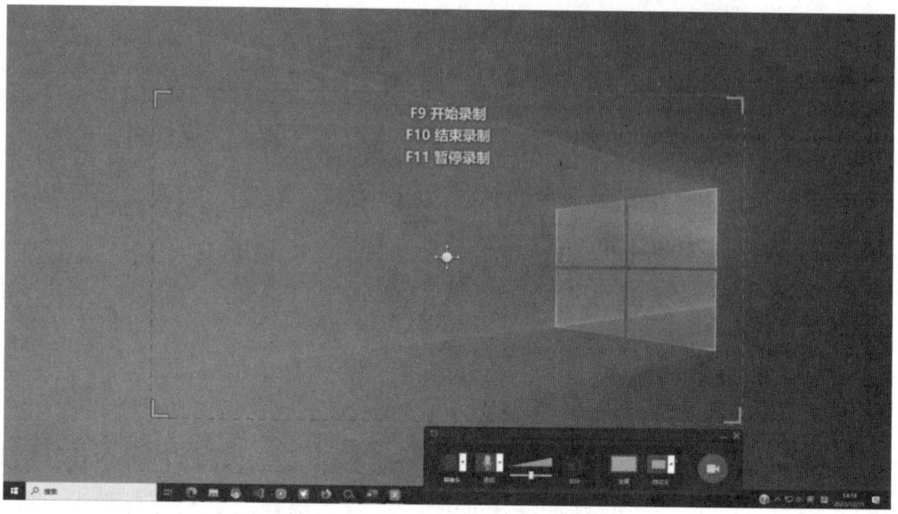

图 6-2　希沃剪辑师软件录制界面

图 6-3　希沃剪辑师软件预览界面

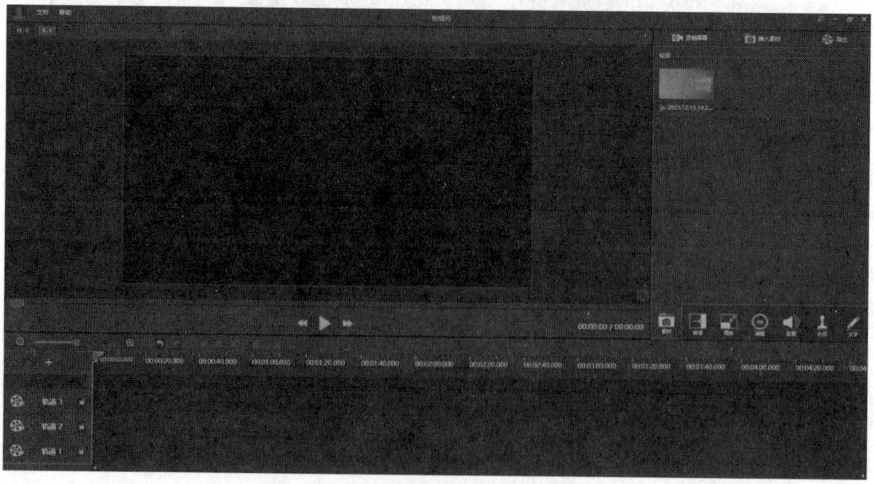

图 6-4　希沃剪辑师软件编辑界面

（6）剪辑师的编辑功能比较简单，一般我们选择导出保存视频，后边再用其他视频编辑软件进行处理。

6.4.3　视频拍摄

根据脚本的内容和需求选择合适的拍摄设备，如摄像机、手机等。一般情况下用手机即可满足微课视频拍摄需要，有条件的话也可以增加手机支架、手机稳定器、补光灯等来达到更好的拍摄效果。手机拍摄微课视频的必须注意以下几点：

（1）稳定拍摄：使用手机拍摄时，保持手机稳定是非常重要的。可以使用三脚架或者手机支架来固定手机，避免因为手抖而影响视频的清晰度和稳定性。

（2）调整光线：选择合适的光源也是很重要的。如果光线不足，可以使用其他光源如台灯或者专业的摄影灯来补充光线。同时，也要避免直射阳光，以免产生过曝或者阴影。

（3）调整角度和高度：拍摄角度和高度的调整也会影响视频的效果。一般来说，保持与被摄物体平行拍摄可以获得更好的效果。同时，也要避免过高或过低的拍摄角度，以免产生畸变或者失真。

（4）聚焦和曝光：在拍摄过程中，要确保焦点清晰，曝光准确。对于一些细节或重要的部分，可以使用手动聚焦和曝光来确保准确无误。

（5）使用合适的格式和分辨率：在录制视频时，选择合适的格式和分辨率可以影响视频的质量和大小。格式建议选择通用且兼容性好的格式，如 MP4。这种格式几乎可以在任何设备上播放，而且压缩方式相对较好，能保证视频的质量。对于微课视频，如果需要保证清晰度，可以选择 1 080 P 或 4 K 的分辨率。1 080 P 是当前主流的分辨率，而 4 K 则更清晰，但文件也会更大。设置视频格式界面如图 6-5 所示。

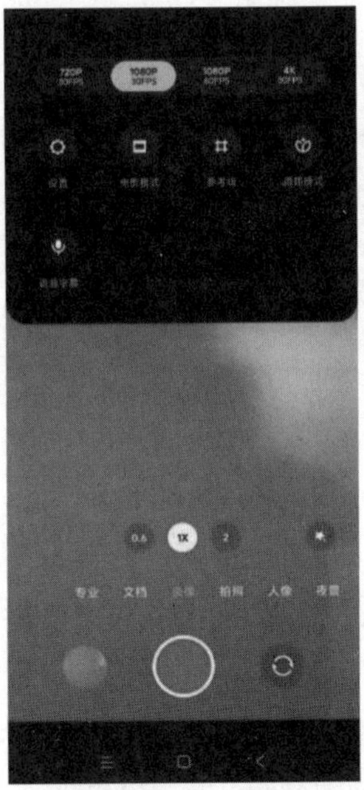

图 6-5　设置视频格式

6.4.4 视频剪辑

视频剪辑软件对加入的图片、背景音乐、特效、场景等素材与视频进行混合，对视频源进行切割、合并，通过二次编码，生成具有不同表现力的新视频。有多款视频剪辑软件可以选择，下面以剪映 App 视频剪辑软件为例介绍视频的剪辑过程。

做一做：使用剪映 App 剪辑视频

（1）打开剪影 App，点击“开始创作”，选择需要剪辑的视频素材，点击“添加”，具体如图 6-6 所示。

图 6-6　剪映 App 创作界面

（2）进入剪辑页面后，点击下方“剪辑”按钮，选择需要剪辑的片段，可以通过拖动时间轴上的指针来定位到需要剪辑的片段，如图 6-7 所示。

（3）对于需要删除的片段，可以通过点击片段进行选择，然后点击“分割”按钮，将视频分割成两部分。接着点击“删除”按钮，将不需要的片段删除。

（4）如果需要调整剪辑的位置或长度，可以通过拖动剪辑的边缘来调整。同时，也可以通过点击剪辑片段进行缩放，以便更好地编辑视频。

图 6-7　剪映 App 删除片段界面

6.4.5 视频特效

视频特效在提升视觉效果、强化内容表达、营造氛围、增强现实感、节省制作成本、促进创意表达、技术升级以及兼容播放平台等方面都发挥着重要的作用。在视频制作过程中合理运用特效，可以大大提高视频的质量和观赏价值。因此在剪辑过程中，可以添加一些特效来增强视频的视觉效果。例如，可以添加转场效果、滤镜效果等。

转场效果可以在两个片段之间创建平滑过渡，使画面更加自然。滤镜效果则可以改变视频的整体色调和氛围。我们在剪辑视频的时候可以根据视频的主题和内容来选择合适的特效，以达到最佳的视觉效果。

剪映 App 包含了许多特效功能，可以用于增强视频的视觉效果。主要的视频特效有：

（1）转场效果：转场效果可以在两个片段之间创建平滑过渡，使画面更加自然。剪映 App 提供了多种转场效果，如淡入淡出、渐变、交叉淡入淡出等。

（2）滤镜效果：滤镜效果可以改变视频的整体色调和氛围。剪映 App 提供了多种滤镜效果，如清新、电影感等，可以根据不同的需求选择适合的滤镜效果，滤镜效果如图 6-8 所示。

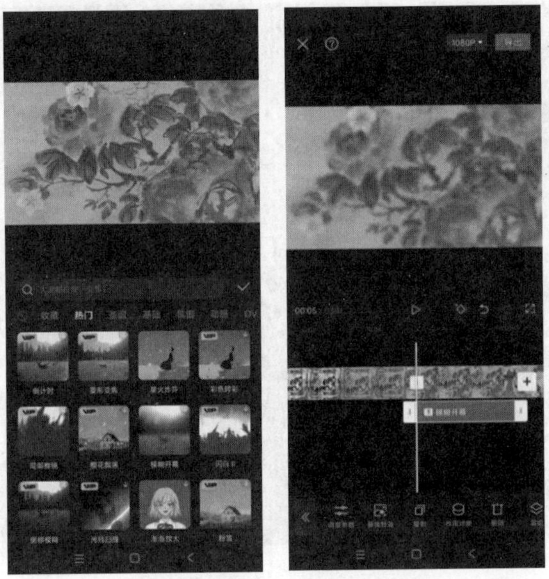

图 6-8　滤镜效果

（3）画中画效果：画中画效果可以用于将多个视频片段叠加在一起，创造出独特的视觉效果。剪映 App 提供了多种画中画效果，如透明度、大小、位置等，设置效果如图 6-9 所示。

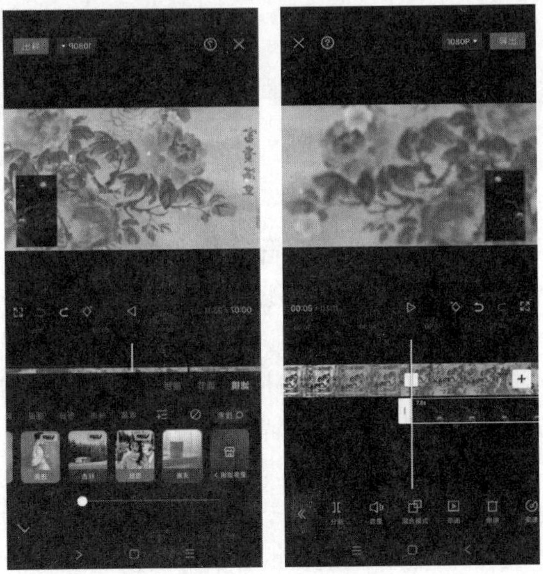

图 6-9　画中画效果

6.4.6 音效处理

剪映 App 的音效处理功能非常强大，可以用于增强视频的听觉感受，使视频更加生动有趣。主要有以下几种：

1.音效库

剪映 App 提供了丰富的音乐与音效库，包括自然声音、环境声音、特效声音等，可以根据不同的需求选择适合的音效，具体如图 6-10 所示。

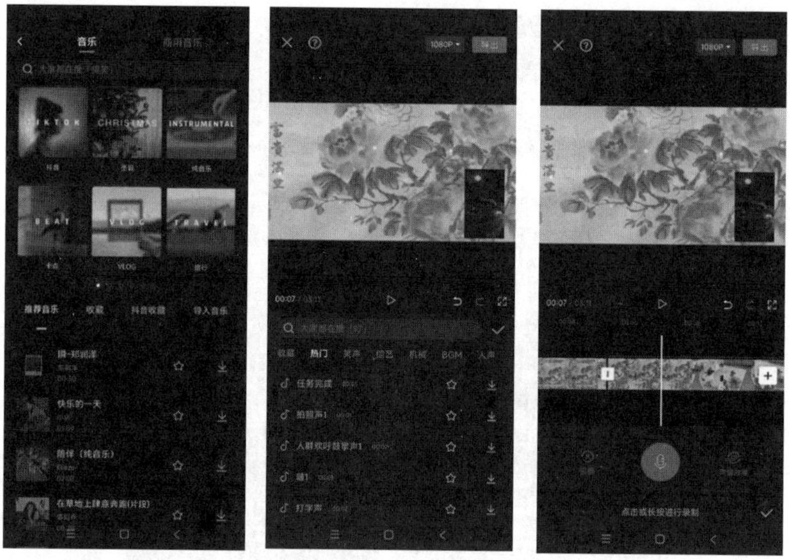

图 6-10 音效处理

2.音效编辑

在音效库中选择音效后，可以对音效进行编辑，如调整音量、淡入淡出效果、分割、变速等操作，以达到最佳的听觉效果。

3.录音配音

剪映 App 的录音配音功能可以让用户为视频添加配音。录制完成后，可以调整录音的音量和播放速度等参数。

6.4.7 字幕制作

在幼儿园微课的设计和制作过程中，应当重视字幕的制作和设计，充分发挥其作用和优势，为幼儿提供更加优质、全面的教育资源。幼儿微课字幕制作的意义主要体现在以下几个方面：

（1）辅助教学：在幼儿园微课中，字幕可以作为教师语言信息的补充，帮助幼儿更好地理解课程内容。对于一些较为抽象或难以理解的概念，通过字幕的详细解释和说明，可以帮助幼儿更好地掌握。

（2）增强学习兴趣：生动有趣的字幕设计可以吸引幼儿的注意力，提高他们对课程内容的兴趣。通过将字幕与动画、图案等元素相结合，可以创造出一个富有创意和想象力的视觉效果，让幼儿更加享受学习的过程。

（3）促进语言发展：幼儿园阶段是幼儿语言发展的重要时期。通过微课中的字幕，幼儿可以接触到更多的词汇和表达方式，促进他们的语言表达能力的发展。同时，字幕还可以帮助幼儿纠正发音和语病，提高他们的语言准确性。

（4）培养阅读习惯：在幼儿园微课中加入字幕，可以帮助幼儿逐渐熟悉文字和符号，培养他们的阅读习惯。通过与字幕的互动和探索，幼儿可以建立起对文字的兴趣和好奇心，为将来的阅读和学习打下坚实的基础。

（5）提供个性化学习支持：对于一些视力不佳或者有阅读困难的幼儿，字幕可以为他们提供额外的支持和帮助，让他们能够克服阅读障碍，与其他幼儿一起享受学习的乐趣。

图 6-11　剪映“识别字幕”界面

做一做：使用剪映为视频添加字幕

为视频添加字幕的操作步骤如下：

（1）点击菜单栏的“文本”选项，选择“识别字幕”功能。

（2）在弹出的字幕设置界面中，点击“开始匹配”按钮，剪映会自动识别视频中的语音，并在视频上显示字幕，具体操作界面如图 6-11 所示。

（3）调整字幕文本框的大小和位置，修改错误字词，导出即可。

6.4.8　视频输出

完成剪辑后，点击右上角的“导出”按钮，将视频导出。可以选择导出格式和分辨率，一般选择 1 080 P、30 帧的分辨率，具体如图 6-12 所示。导出的视频保存在手机相册中，也可以选择发布在短视频平台。

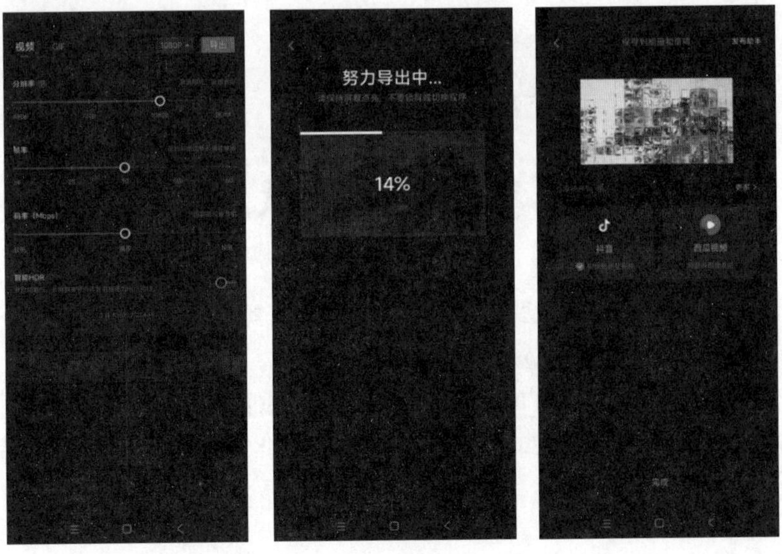

图 6-12　剪映视频输出界面

6.5 试一试：制作微课视频

（1）用希沃剪辑师软件计算机录屏方式制作一个微课视频。

（2）用手机拍摄视频，用剪映 App 制作一个微课视频。

（3）具体要求：

①选题与内容：选题应符合幼儿园教育的内容和目标，针对幼儿的兴趣和认知水平进行设计。内容应简洁明了，注重实践操作和体验，能够激发幼儿的好奇心和探索欲望。

②教学目标明确：微课应具有明确的教学目标，能够达到预期的教学效果。在制作过程中，应注重对教学目标的分析和定位，确保教学内容与目标相一致。

③教学策略合理：采用合理的教学策略，如讲解、示范、互动等，以提高微课的教学效果。同时，应注重幼儿的认知特点和心理特征，采用生动有趣的教学方式，吸引幼儿的注意力。

④技术要求：视频格式应为通用、稳定的格式，如 MP4 等。分辨率应适中，以适应不同的播放设备。音频质量应清晰、无杂音。视频剪辑流畅，无卡顿现象。字幕清晰准确，配音语音清晰、语速适中、音调柔和。

⑤创意与个性：在保证教学的基础上，可发挥创意和个性，使微课更具趣味性和吸引力。可运用动画、音乐、故事等元素创造出一个富有创意和想象力的视觉效果，让幼儿更加享受学习的过程。

⑥总结与反思：在制作微课的过程中，应不断总结和反思，根据幼儿的反馈和表现调整教学内容和方式。同时，还应对自己的微课制作技巧进行总结和反思，不断提高制作水平和教学效果。

参考文献

[1] 邵小佩. 幼儿园课程与教学 [M] 2 版. 北京：北京师范大学出版社，2020.

[2] 郑健成. 学前教育学 [M] 上海：复旦大学出版社，2023.

[3] 周家栋. 七步入微：微课程设计与开发实战指南 [M]. 北京：北京邮电大学出版社，2020.

[4] 张立，王东光. 思政课程与课程思政协同育人研究 [M]. 北京：中国社会科学出版社，2023.